IKIAIKAINEN *Tie*

JOTA JO ALKUSEURAKUNTA KULKI...

M. JAMES JORDAN

FATHERHEART
MINISTRIES
www.fatherheart.net

Omistettu kansainväliselle Fatherheart Ministries -perheelle

SISÄLLYS

Kiitokset

Tämä kirja on syntynyt vuosikausien etsinnän tuloksena pyytäessämme Herralta apua ja vastauksia niihin taisteluihin, joita olemme yhdessä vaimoni Denisen kanssa käyneet läpi. Epätoivoinen sydän huutaa yleensä äänekkäimmin Jumalan puoleen. Useimmat kirjoittamani asiat ovat tulleet minulle suoraan ilmestyksenä. Kahdesta puusta kertova luku tuli alun perin Deniselle, ja olemme sopineet, että liitämme sen mukaan tähän kirjaan sellaisena kuin minä siitä opetan.

Suurimmat kiitokseni annan Deniselle, joka on rakastanut minua mielettömästi ja ollut kärsivällinen minua kohtaan yli neljänkymmenen vuoden ajan opetellessamme yhdessä näitä asioita.

Tahdon kiittää erityisesti myös Stephen Hilliä, joka on käyttänyt tuntikausia aikaa puheitteni läpikäymiseen kootessaan niistä tärkeimpiä kohtia järkeväksi tekstiksi. Olen ihmeissäni hänen taidoistaan ja keskittymiskyvystään.

Olen kiitollinen Alice Adamsille ja Tom Carrollille, jotka ovat alttiin sydämin nähneet vaivaa ja antaneet aikaansa, Alice kirjan toimittamisessa ja oikoluvussa ja Tom kirjan kannen ja ulkoasun suunnittelussa. Kiitos teille.

Haluan kiittää maailmanlaajuista Fatherheart Ministries -perhettä, jonka kanssa olen elänyt erilaisissa yhteiselämän muodoissa viimeisten 17 vuoden aikana. Tämän perhe-elämän levollisuuden keskellä olen kokenut kylliksi rakkautta ja rauhaa voidakseni "nähdä" asioita, joita en muuten olisi kyennyt näkemään.

Olen kiitollinen kaikille, jotka ovat olleet jollakin tavoin osallisina elämässäni vuosien varrella. Elämäni ei ole ainoastaan Pyhän Hengen työn tulosta vaan myös kaikkien niiden, jotka ovat kulkeneet kanssani. Niilläkin, jotka ovat välillä näyttäneet olevan minua vastaan, on ollut osansa siinä, kuka nyt olen. Kaikki yhdessä on vaikuttanut minun parhaakseni, ja olen kiitollinen kaikesta, mitä Kristuksen ruumis on minulle antanut.

Olen saanut rohkaisua niin monilta ihmisiltä eri puolilta maailmaa tämän aineiston saattamiseksi kirjan muotoon, ettei ole mahdollista mainita kaikkia nimeltä.

Toivomukseni on, että tämän kirjan koonneiden monien ihmisten vaivannäkö olisi ilo taivaalliselle Isällemme ja siunaus kaikille, jotka käyttävät aikaa kirjan lukemiseen. Annan sen teille kaikille, rakkaat veljet ja sisaret Kristuksen ruumiissa.

– *M. James Jordan*

Muinainen Tie

Joitakin vuosia sitten sain näyn ritarista, joka ratsasti valkoisella tanssiaskelin kulkevalla hevosella ikivanhan metsän läpi. Kuvailen näkyä yksityiskohtaisesti kirjassani *Pojan sydän*. Näyn aikana tajusin yhtäkkiä, että seisoin hyvin vanhalla tiellä. Se oli niin ruohottunut ja kasvien peitossa, että sitä tuskin havaitsi sen kiemurrellessa metsän läpi. Mutta sitä tietä Pyhä Henki (jota valkoinen hevonen kuvasi) käytti ahkerasti. Ihme kyllä, tällä tiellä, jota pitkin valkoinen hevonen tanssi eteenpäin, *kulki harvoin* ketään muita.

Mikä on tämä ikivanha tie, ja mistä se tulee? Ja yhtä tärkeä kysymys: minne tämä tie menee? Mikä on sen määränpää?

Olen alkanut miettiä, mahtaako se evankeliumi, johon useimmat meistä ovat tutustuneet, olla "toinen evankeliumi", josta Paavali puhuu Galatalaiskirjeen ensimmäisen luvun jakeessa 6. Valtaosa siitä, mitä olemme kuulleet, ei oikeastaan ole ollut hyvä uutinen. Mitä on tapahtunut? Mikä on mennyt vikaan? Uskon, että meillä on ollut kristinuskosta sellainen versio, joka väittää olevansa hyvä uutinen, vaikka ei ole. Se on iskostettu meihin siinä määrin, että vaikka palamme loppuun palvellessamme Herraa, huohotamme silti, että se on "hyvä uutinen". Tämä on mieletöntä. Se ei yksinkertaisesti pidä paikkaansa.

Monet kristityt ovat huomanneet, että heidän omaksumansa evankeliumi on johtanut hengelliseen ponnisteluun ja puurtamiseen. On toimittu velvollisuudesta, pakosta, syyllisyydestä ja tuomionalaisuudesta käsin, mistä seuraa vain loppuunpalaminen. On olemassa jopa niin sanottua kristillistä opetusta siitä, miten välttää loppuunpalaminen. Kuinka naurettavaa! Ikään kuin loppuunpalaminen olisi tavanomainen osa kristillistä elämää. Haluan sanoa hyvin selvästi: jos olet loppuunpalamisen tiellä, olet kerta kaikkiaan väärällä tiellä. Loppuunpalamisen ja Herran palvelemisen välillä ei ole vain hiuksenhieno ero. Siinä on ammottava kuilu! Loppuunpalaminen johtuu siitä, että tekee työtä lihan voimassa, siitä ei ole epäilystäkään. *Et voi* palaa loppuun, jos vaellat ja teet työtä Hengessä. Jeesus sanoi, että hänen ikeensä on hyvä kantaa ja hänen kuormansa on kevyt.

En usko, että vapautta, iloa ja lepoa voi löytää mistään muualta kuin Isän rakkaudesta. Olemme eläneet kristillisyyttä, jota lamaannuttaa se, että puuttuu ilmestys Isästä. Lyhyesti sanottuna kristillisyytemme on perustunut kahteen ilmestykseen: ilmestykseen Jeesuksesta Pelastajana ja Herrana sekä ilmestykseen Pyhästä Hengestä, joka asuu meissä. Tämä on kuin yrittäisimme tasapainoilla tuolilla, jossa on vain kaksi jalkaa. Kristillisyytemme perusta on siis epätäydellinen. Jotakin elintärkeää puuttuu. Tähän mennessä meillä on ollut vain abstrakti käsitys Isästä mutta ei ilmestystä. Itse asiassa meillä on ollut *virheellinen* käsitys siitä, kuka Isä on.

Pyhän Hengen vuodatus Torontossa vuonna 1994 oli merkki uudesta päivästä Hengessä. Syntyi uudenlainen avoimuus ilmestykselle Isästä. Isästä puhuminen ennen vuotta 1994 — olin tehnyt sitä jo vuodesta 1979 lähtien — oli ollut kuin kivireen kiskomista. Se ei yksinkertaisesti saanut sijaa ihmisten sydämissä. Kokemukseni mukaan ilmestyksellä Isästä ei ollut kovinkaan paljon vaikutusta, paitsi Missionuorissa, jotka olivat kutsuneet Jack Winterin luokseen ja antaneet hänelle vapaat kädet palvella. Kun Pyhä Henki lankesi

Torontoon, tilanne muuttui hetkessä. Tapahtui hengellisen ilmapiirin muutos ympäri maailman. Ihmiset, jotka olivat olleet kosketuksissa Toronton tapahtumiin, olivat yhtäkkiä avoimia ja halukkaita tietämään Isän rakkaudesta heitä kohtaan. Minulle tämä muutos oli hyvin silmiinpistävä, koska olin yksi niistä harvoista, jotka olivat saarnanneet Isän rakkauden kokemisesta ja eläneet siinä. Tästä tuli käännekohta kirkkohistoriassa.

Siitä on nyt kulunut kaksikymmentä vuotta, ja on ollut ihmeellistä todistaa, miten Jumala ilmoittaa itsensä Isänä kaikkialla maailmassa. Tämä ilmestys on saavuttanut kaikki kirkkokunnat ja virtaukset Kristuksen ruumiissa, ja kuulemme todistuksia siitä, kuinka se saavuttaa myös seurakunnan ulkopuolella eri yhteiskuntaryhmiin kuuluvien ihmisten sydämiä. Eivät tietenkään kaikki, joita Toronton tapahtumat koskettivat, täysin tajunneet niiden todellista merkitystä. Monet kohdistivat huomionsa vain Jumalan läsnäolon fyysisiin vaikutuksiin kokouksissa.

Uskon kuitenkin, että katsoessamme taaksepäin ymmärrämme vuoden 1994 olleen vuosi, jolloin ilmestys Isästä alkoi uudelleen saada sijaa seurakunnassa. Tuo vuosi oli uuden ja merkittävän aikakauden alku kirkkohistoriassa. Silloin tapahtui väkevä Jumalan voiman vuodatus, ja se oli ihanaa. Mutta jos meillä on Hengen vuodatus ilman ilmestystä Sanasta, se vääjäämättä haihtuu ja lopulta häviää kokonaan. Hengen ja Sanan on kuljettava yhdessä, jotta seurakunta rakentuisi. Torontossa tapahtuneen Hengen vuodatuksen aaltoa on seurannut ilmestys Sanasta. Hengen virta on myös Sanan ilmestyksen virta. Itse tunnen kuin olisin seissyt ilmestyksen virrassa kaksikymmentä viime vuotta. Ilmestys Sanasta virtaa esiin yhä tuoreemmin. Kristinuskon — sellaisena kuin me sen tunnemme — painopiste on vaihtunut. Jeesuksen ja apostolien kulkema muinainen tie on jälleen löytymässä.

On yhä ilmeisempää, että edessämme oleva kristillisyys eroaa siitä, mikä on takanamme. Olemme astumassa johonkin sellaiseen, mikä on luonteeltaan hyvin erilaista verrattuna entiseen. Kun tämä alkoi valjeta minulle, ymmärsin, kuinka huikea Jack Winterin alun perin saama ilmestys oli — ilmestys siitä, että Isän rakkaus on käsinkosketeltavaa todellisuutta, joka voi välittyä meille. Se oli vedenjakaja, josta kaikki muu tässä ilmestyksessä on lähtenyt. Se vei meidät karismaattisuuden aikakaudesta toiseen aikakauteen. Siinä hypättiin Pyhän Hengen voiman ja lahjojen aikakaudesta Isän rakkauteen, joka on koettavissa. Tämä oli iso harppaus: Jumalan rakkaus ei ollut enää pelkkä *käsite*, vaan on todella mahdollista *kokea* hänen *rakastavan meitä juuri nyt*. Ei ollut kyse vain teologisesta ajattelutavan muutoksesta; tämä oli askel yli kristillisen kokemuksen rajojen. Uskon, että juuri *tuo* uraauurtava ilmestys on ollut uuden aikakauden käynnistäjä kristikunnassa.

Alkaessamme nyt saada kokemuksia Isästä näemme hänet Raamatun jokaisella sivulla. Koko Raamatusta on tulossa aivan kuin uusi kirja. Saadessamme ilmestystä se saattaa koko teologiamme aivan uuteen valoon. Monet pyhät lehmät, joista olemme pitäneet tiukasti kiinni, paljastuvat uuden ilmestyksen valossa. Eräs mies sanoi minulle jokin aika sitten kokouksen jälkeen: "James, olet juuri kyntänyt auralla koko teologiani!" Mielestäni se oli hyvin sanottu, koska kyntöaura on käynyt myös *minun* teologiani läpi.

Ilmestys Isästä on radikaalisti muuttamassa kokemustamme ja käsitystämme kristinuskosta. Emme ole kuitenkaan tulossa mihinkään uuteen, sillä tämä on kaikkialla Raamatussa. Raamattu on täynnä tätä, ja kun havahdut siihen, näet sen joka paikassa. Sen jälkeen vaatii rohkeutta kasvaa siinä ja pitää siitä kiinni, vaikka joutuisit kulkemaan yksin eivätkä matkakumppanisi ymmärtäisi sitä. Sanon aina niille, jotka ottavat vastaan tämän ilmestyksen, etteivät he jakaisi kokemuksiaan muille liian kiireesti. On parempi kasvaa siinä, kunnes se alkaa läikkyä astian reunojen yli. Kasvaessasi siinä ja nauttiessasi siitä itse tulee vääjäämättä aika, jolloin ihmiset alkavat huomata sinussa jotakin eroa. Kun he sitten kysyvät sinulta siitä, kerro heille — mutta älä ennen! Älä tunne tarvetta taivutella ihmisiä, jotka eivät kuuntele sinua. Jos he eivät kuuntele, se tarkoittaa yksinkertaisesti sitä, etteivät he *pysty* kuulemaan. Ilmestystä ei voi tyrkyttää väkisin kenellekään. Tietoa sen sijaan voi, mutta ilmestys joko tajutaan tai ei tajuta. Henkilö joko saa ilmestyksen tai ei saa sitä. Niin yksinkertaista se on.

Saadessamme kokea Isän rakkautta näkökulmamme moniin asioihin muuttuu. Yksi tällainen asia on sydämen keskeinen merkitys, josta tulee perustavanlaatuinen kysymys. Kun emme koe rakkautta, meillä on enimmäkseen pelkkää tietoa. Mutta rakkautta voi kokea vain sydämessään. Sydämen pitää olla avoin voidakseen vastaanottaa rakkautta. On mahdollista kuulla opetusta rakkau-de*sta*, mutta tarvitaan sydämen kokemus, jotta voisi ottaa vastaan rakkauden *todellisuuden.* Alkaessamme kokea yhä enemmän hänen rakkauttaan sydämemme joutuu polttopisteeseen. Se asetetaan suurennuslasin alle, ja alamme ymmärtää, kuinka tärkeä sydän todellakin on.

Tämän seurauksena huomaamme monien sellaisten asioiden muuttuvan voimakkaasti, jotka liittyvät kristinuskon ymmärtämiseen. Tässä on asian ydin. Ei ole pelkästään niin, että sydämesi on tärkeä. Tosiasiassa sydämesi on *elintärkeä*, koska juuri sydän muuttuu. Tieto tulee ihmisen mieleen, mutta ymmärtäminen on sydämen asia. Monet jakeet Sananlaskujen kirjassa puhuvat tästä. Saanko antaa sinulle neuvon? Jos luet Raamatusta jotakin etkä ymmärrä sitä, sinun tulisi kysyä itseltäsi, onko sydämessäsi jotakin, mikä estää sinua ymmärtämästä. Sinun on kysyttävä tätä, koska ymmärtäminen on sydämen asia. Sananlaskut 14:6 sanoo selvästi, että "ymmärtävälle tieto aukeaa". Raamattu kehottaa meitä etsimään jatkuvasti ymmärrystä, koska ymmärtäminen sydämen tasolla saa meidät näkemään, ja niin tieto selkeytyy.

Suhteessamme Jumalaan olemme yhteydessä häneen sydämestä sydämeen. Jumala ei katso ulkoisia seikkoja vaan näkee sydämeen. Hän itse on "sydänpersoona". Siitä seuraa looginen johtopäätös: jos hän katsoo sydäntäsi ja sinä teet hänelle jotakin sellaista, mikä ei tule sydämestäsi, hän ei edes huomaa sitä. Teemme Jumalalle kovin paljon asioita vain tavan vuoksi, mekaanisesti. Voimme esimerkiksi lukea ruokarukouksen, mutta monesti se ei nouse aidosti kiitollisesta sydämestä. En tarkoita, ettei tulisi lukea ruokarukousta, mutta jos aiot lukea sen, tulkoon se sydämestäsi. Jos teet Jumalalle jotakin, mikä ei tule sydämestäsi, se on pelkkää uskonnollisuutta. Jos haluat olla Jumalan mies tai nainen, sinun on elettävä hänen edessään sydämestäsi käsin. Tietenkin sinun pitää käyttää päätäsi monissa tämän elämän asioissa, mutta kaikessa Jumalaan liittyvässä tärkeintä on sydämesi.

Kristuksen ruumiissa olemme koettaneet ymmärtää monia asioita, joista meillä ei ole ilmestystä. Ihmiselle tyypillinen ongelma on se, että meillä on luontainen halu hallita asioita. Haluamme olla mestareita, olipa kyse sitten matematiikasta, golfista, nopeiden autojen ajamisesta tai vaikkapa avaruuden tutkimisesta. Meillä on synnynnäinen halu hallita elämää ja olla hyviä siinä. Jumalan valtakunnassa on kuitenkin enemmän mysteereitä kuin mestareita. Meidän on opittava hyväksymään se tosiasia, että aina on oleva mysteereitä. Ongelmamme on, että haluamme olla mestareita myös kristillisyydessä. Haluamme hallita Pyhän Hengen toimintaa ja kehittää sen todelliseksi taiteeksi, niin että itse kontrolloimme sitä ja saamme tapahtumaan juuri sen, mitä haluamme. Jumala ei kuitenkaan ole meidän hallittavissamme. Kristityn suuri seikkailu on juuri siinä, että olemme löytöretkellä koko ikuisuuden ajan. Tutkimme aina vain mysteeriä siitä, kuka hän on, ja se avautuu yhä suuremmassa määrin, sitä mukaa kuin hän ikuisuuden kestäessä paljastaa enemmän itsestään.

Tiedämme Jumalasta ainakin yhden asian: hän on rakkaus. Olemme pääsemässä yhä enemmän sisälle tähän ilmestykseen, mutta Raamatussa on edelleen paljon sellaista, mistä meillä ei vielä ole ilmestystä. Raamattua ei voida ymmärtää pelkästään älyllisesti tutkimalla. Se on ilmestystä Jumalasta ja hänen toimistaan ihmiskunnan suhteen, ja sitä voidaan ymmärtää vain silloin, kun hän valaisee sitä ja ilmestyy siinä ja sen kautta. Uskon, että Raamatussa on paljon enemmän kuin on vielä tullut ilmi, koska Jumalan sana on iankaikkinen ja kestää ikuisesti. On mahdollista lukea Sanaa ja olla siitä jotakin mieltä. Sen verran voin sanoa varmana asiana, että vähitellen ihmisten mielipiteet Sanasta alkavat kyllästyttää. Mielipiteiden pohjalta käydään monia väittelyitä, mutta kun ilmestys tulee, ei ole enää kyse mielipiteistä tai väittelystä — se on totuus! Saadessasi ilmestystä sinulla on paljon syvemmän tasoista tietoa kuin pelkkä mielipide. Sinulla on sekä kokemus että tieto.

Meillä on Raamatusta *jossakin* määrin ilmestystä. Tämä tarkoittaa kuitenkin, että Raamatussa on paljon kohtia, joista meillä *ei ole* ilmestystä. Siitä taas seuraa, että yritämme tutkistelumme avulla saada koottua järkeenkäyvän käsityksen niistä asioista, joista meillä ei ole ilmestystä. Muodostamme opinkappaleita tekemällä loogisia johtopäätöksiä siitä totuudesta, joka on tullut ilmestyksenä. Yritämme täyttää aukot, koska haluamme olla mestareita. Suuri osa perimästämme teologiasta ei ole ilmestystä vaan spekulatiivisia näkemyksiä ja yksipuolisia ajatuksia tietyistä asioista. Tämä on suuri syy opillisiin eroihin Kristuksen ruumiissa.

Tulin elämässäni siihen pisteeseen, että kyllästyin ihmisten näkemyksiin raamatunkohtien merkityksestä. Olin yhtä kyllästynyt *omiin* näkemyksiini. Tajusin, että Raamattua ei pidä tutkia kristillisen elämän ja kasvun ohjekirjana. Raamattu on Jumalan kohtaamisen paikka. Luemme Raamattua tullaksemme kosketuksiin Jumalan kanssa, emme muodostaaksemme oman mielipiteemme siitä, mitä se tarkoittaa. Rukouksen tavoin se on paikka, jossa Jumala voi puhua meille. On ihmisiä, joiden tehtävä on tutkia alkukieliä, jotta sanojen merkitys olisi meille selvä ja tarkka, mutta se on erityinen kutsumus. Se ei ole uskovan vaelluksen lähtökohta.

Jumala antaa ilmestystä asioista, joista meillä ei ole aikaisemmin ollut ilmestystä. Kun tämä tapahtuu, suurin osa muodostamistamme mielipiteistä haihtuu. Tajuamme yhtäkkiä, että näkemyksemme jostakin asiasta on väärä. Ongelmana vain on, että voimme olla tunnetasolla niin kiintyneitä omaan näkemykseemme, että meidän on vaikea päästää siitä irti. Jos olet pastori, olet saattanut saarnata jotakin näkemystä vuosikausia, ja sitten Jumala antaakin ilmestystä siitä, mitä se *todella* tarkoittaa. Silloin joudut tilanteeseen, jolloin on heitettävä menemään kaikkien menneiden vuosien saarnat ja opetukset. Minun oma teologiani oli siististi pakattu kauniilla rusetilla somistettuun laatikkoon, ja nyt ilmestys on puhaltanut sen hajalle! Tuore ilmestys vie sinut takaisin lapseuteen. Se pakottaa sinut aloittamaan alusta asioiden ymmärtämisen. Tämä voi olla vaikeaa ja nöyryyttävää niille, esimerkiksi saarnaajille ja opettajille, jotka ovat panostaneet näkemyksiinsä tai saavuttaneet niillä mainetta.

Ilmestys Isän rakkaudesta kasvaa ja puhaltaa hajalle paljon asioita, joiden oikeellisuudesta olemme olleet vakuuttuneita. Mutta kun näemme Herran, kaikkiin kysymyksiin tulee vastaus. Kun hän ilmestyy sellaisena kuin hän todella on, jokainen ratkaisematon kysymys selkenee. Kristinusko ei perustu mihinkään muuhun kuin ilmestykseen siitä, kuka Jumala todella on. Kristinusko ei ole sitä, että luemme sanoja hän*estä*. Ilmestys tulee hengestä henkeen.

Kun taivaan ovet avautuvat, Pietari näkee (Matt. 16:16) kiistattoman totuuden siitä, kuka Jeesus on, ja huudahtaa: "Sinä olet Kristus, elävän Jumalan Poika!" Seurakunnan kulmakivi on ilmestys siitä, kuka Jumala on. Kun Kristuksen ruumis alkaa elää ilmestyksessä siitä, kuka Jumala todella on, Pyhän Hengen kulkema muinainen tie on jälleen löytynyt.

Tämä kirja on hyvin erilainen kuin ensimmäinen kirjani. Tämä on kirjoitettu profeetalliseksi sanomaksi Kristuksen ruumiille. Profeetallisuus on luonteeltaan korjaavaa. Se hajottaa sitä, mikä on väärää, ja pystyttää uudelleen sen, mikä on totta. Suuri osa meille opetetusta evankeliumista on riistänyt ilon, vienyt voiman kristityiltä ja ollut kasvupohjana lakihenkisyydelle. Se on ainoastaan kristinuskon nimellä kulkeva vanhatestamentillinen hurskauden muoto. Minulle on aivan selvää, että koko ymmärryksemme kristinuskosta on muututtava, jotta alkaisimme uudelleen nähdä sen, mitä Jeesus on kuolemallaan meille antanut.

Olen kirjoittanut tämän kirjan erityisesti niille, jotka ovat tulevaisuudessa evankeliumin viestinviejiä. Toivon ja uskon, että saamme kuulla saarnattavan aitoa evankeliumia: sitä, joka vapauttaa vangitut, antaa sokeille näön, avaa vankiloiden ovet ja todella julistaa Jumalamme riemuvuotta.

Kirja on jaettu kahteen pääosaan. Ensimmäinen osa kertoo siitä, mitä evankeliumi todella on. Siinä esitetään pääpiirteittäin tärkeimmät muutokset, jotka Pyhä Henki on saanut aikaan ajattelutavassamme tuodessaan uuden, virkistävän näkökulman siihen, mitä kristinuskon todellisuudessa on tarkoitus olla. Kirjan toinen osa tarkastelee puolestaan sitä eroa, jonka tämä näkökulma saa aikaan kristityn vaelluksessa. Saamamme ilmestys ja omakohtainen kokemus evankeliumista tuottaa varsin erilaista hedelmää kuin uskonnollisuus.

Tämä kirja on kirjoitettu sydämestäni, omasta epäonnistumisestani ja murtuneisuudestani käsin, mutta myös ihanasta levosta ja nautinnosta tultuani tuntemaan Isän rakkauden minua kohtaan!

ENSIMMÄINEN OSA

LUKU 1

~

Kaksi puuta

Kirjeessään galatalaisille apostoli Paavali hyppää tavanomaisen alkutervehdyksensä jälkeen suoraan siihen asiaan, jonka vuoksi hän kirjeensä kirjoittaa. Sanojaan säästelemättä hän kirjoittaa seuraavasti:

> *Minua kummastuttaa, että te niin äkkiä käännytte hänestä, joka on kutsunut teidät Kristuksen armossa, pois toisenlaiseen evankeliumiin, joka kuitenkaan ei ole mikään toinen; on vain eräitä, jotka hämmentävät teitä ja tahtovat vääristellä Kristuksen evankeliumin.*
> - GAL. 1:6,7, VUODEN 1938 SUOMENNOS

Paavali lausuu tässä hätkähdyttävän asian. Hän puhuu niille, jotka ovat tulleet uskoon hänen julistuksensa kautta. Hän oli vahvistanut heitä uskossa ja sitten lähtenyt heidän luotaan mennäkseen muualle. Hänen lähtönsä jälkeen heidän luokseen oli tullut muita opettajia, joilla oli ollut suuri vaikutus heihin. Kuultuaan, mitä näiden toisten puhujien jälkimainingeissa oli tapahtunut, Paavalin oli pakko kirjoittaa tämä kirje.

Paavali oli ihmeissään siitä, että he olivat panneet syrjään hänen opetuksensa ja turmeltuneet toisten opettajien vaikutuksesta. Galatalaiset olivat uskoneet, että heidän kuulemansa sana oli ollut evankeliumia, mutta *ei* se ollut. Heitä oli yksinkertaisesti petkutettu.

Paavalin kirje oli varmasti kova pala näiden nuorten uskovien purtavaksi. He olivat tunteneet Paavalin vain lyhyen aikaa. He olivat tehneet parhaansa kasvaakseen uudessa uskossaan. Vilpittömin mielin he olivat ottaneet vastaan nämä toiset saarnaajat, jotka vaikuttivat mukavilta, rehellisiltä ihmisiltä. Olen varma, että kaikki se, mitä nämä opettajat sanoivat, kuulosti hyvältä ja oikealta. He viipyivät heidän luonaan kauemmin kuin Paavali. Heidät toivotettiin tervetulleiksi Galatian seurakuntaan. Kukaan ei olisi voinut epäillä, ettei heillä olisi ollut mitä puhtaimmat motiivit kaikessa, mitä he opettivat ja tekivät.

Sitten Paavali otti jälleen yhteyttä Galatian kristittyihin ja ampui täyslaidallisen heitä vastaan: "Nämä opettajat, joita olette kuunnelleet, ovat johtaneet teitä harhaan!" Huomaa, ettei Paavali asettanut kyseenalaiseksi Galatian uskovien vilpittömyyttä. Hän ei syyttänyt heitä synnistä tai kapinallisuudesta. He olivat yrittäneet toimia oikein. Heidän tarkoituksensa ei ollut turmella evankeliumia. He halusivat kasvaa uskossaan kuuntelemalla hyvää opetusta. Mutta Paavali väitti: "Nämä opettajat ovat johtaneet teitä harhaan. He ovat *lumonneet* teidät."

Kysymys, jonka esitän sinulle, kuuluu:

Onko mahdollista, että sama tapahtuisi meille? Uskotko

*olevan mahdollista, että se hyvä opetus, jota olemme
kuunnelleet, on johtanut meidät evankeliumiin, jota
Paavali kutsuisi "toiseksi" evankeliumiksi?*

Sana "evankeliumi" tarkoittaa hyvää uutista. Tiedän omasta
kokemuksestani, että suuri osa siitä, mitä minulle on esitetty vuosien
mittaan uskossa ollessani, ei loppujen lopuksi ole ollut minulle hyvä
uutinen. Denise ja minä annoimme elämämme Herralle vuonna
1972. Täytyimme Pyhällä Hengellä, ja monien vuosien ajan
koetimme toimia oikein ja palvella kaikin voimin. Halusimme olla
kaikkea sitä, mitä kristityn on tarkoitus olla. Mutta vuonna 1988
tuli seinä vastaan ja paloimme loppuun. Olimme aivan lopussa emo-
tionaalisesti, fyysisesti ja hengellisesti. Denise ja minä olemme aina
tehneet koko sydämestämme kaiken yhdessä ja me myös paloimme
loppuun yhdessä. Voin vakuuttaa, että loppuunpalaminen Herraa
palvellessa ei ole niin hengellistä kuin jotkut luulevat. Peräti kolme
kuukautta kyyneleet valuivat pitkin poskiamme. Emme tienneet,
miksi itkimme. Olimme täysin lopussa. Tunsimme tuottaneemme
Jumalalle pettymyksen. Kaikki pyrkimyksemme elää kristityn
elämää oli lopulta johtanut meidät syvään, synkkään kuiluun. Kesti
monta vuotta toipua siitä.

Järkytyin katsellessani taaksepäin omaa uskonelämääni ja taju-
tessani, että siinä oli ollut varsin vähän iloa. Lukuun ottamatta
aitoa uudestisyntymisen kokemusta, vesikastetta ja Hengen kastetta
Denise ja minä olimme omaksuneet sellaisen kristillisyyden, joka
ei loppujen lopuksi ollut hyvä uutinen. Se oli täysin vailla todellista
nautintoa, vailla syvää ja ihanaa iloa. Oli järkytys huomata, etten
ollut uskoon tultuani tehnyt mitään, mistä olisin todella nauttinut.
Siinä vaiheessa olin ollut uskossa kahdeksantoista vuotta enkä ollut
tehnyt yhtäkään asiaa pelkästä mielihyvästä. Elämä oli ollut vahvaa
itsekuria, palavaa intoa, uhrauksia ja kovaa työtä! Minulle valkeni,

että elämämme oli ollut hyvän uutisen vastakohta. Olen varma, että monet, monet kristityt tunnistavat kuvaamani "evankeliumin", johon me uskoimme ja jonka mukaan elimme.

PARATIISIN KAKSI PUUTA

Mikä sitten on tämä väärä evankeliumi, joka on harhauttanut meidät? Vastataksemme tähän kysymykseen meidän on mentävä takaisin aivan alkuun. Suuri osa siitä ilmestyksestä, jonka Herra on antanut meille elämässämme ja palvelutehtävässämme, on palaamista alkuun, takaisin Eedenin puutarhaan. Ollessamme pikkuhiljaa toipumassa loppuunpalamisesta Denise ja minä aloimme aavistella, että jokin oli hyvin pahasti pielessä elämässämme ja itse asiassa monien muidenkin kristittyjen elämässä. Vallitsi valtava uskottavuusongelma sen välillä, mistä Raamattu puhuu "hyvänä uutisena", ja sen todellisuuden välillä, missä monet kristityt ovat eläneet kautta vuosisatojen. Aloimme tajuta jotakin sellaista, minkä kuvaamiseen emme pystyneet löytämään sopivia sanoja. Muutama vuosi tämän jälkeen Denise oli lukemassa Ensimmäisen Mooseksen kirjan alkulukuja, kun hän yhtäkkiä näki jotakin, mikä on radikaalisti muuttanut näkökulmamme elämään ja palvelutehtävään. Se, mitä hän näki, on saanut aikaan suuren muutoksen ajattelutavassamme ja johtanut meidät vapauteen, jollaista emme olisi uskoneet edes mahdolliseksi.

Tutkiaksemme tätä katsotaan aluksi Ensimmäisen Mooseksen kirjan toisen luvun jakeita 8–15:

> *Herra Jumala istutti puutarhan itään, Eedeniin, ja sinne hän asetti ihmisen, jonka oli tehnyt. Herra Jumala kasvatti maasta esiin kaikenlaisia puita, jotka olivat kauniita katsella ja joiden hedelmät olivat hyviä syödä,*

ja paratiisin keskelle hän kasvatti elämän puun sekä hyvän- ja pahantiedon puun. — — Herra Jumala asetti ihmisen Eedenin puutarhaan viljelemään ja varjelemaan sitä. Herra Jumala sanoi ihmiselle: "Saat vapaasti syödä puutarhan kaikista puista. Vain siitä puusta, joka antaa tiedon hyvästä ja pahasta, älä syö, sillä sinä päivänä, jona siitä syöt, olet kuoleman oma."

Luemme sitten Ensimmäisen Mooseksen kirjan kolmannen luvun alkujakeet:

Käärme oli kavalin kaikista eläimistä, jotka Herra Jumala oli luonut. Se sanoi naiselle: "Onko Jumala todella sanonut: 'Te ette saa syödä mistään puutarhan puusta'?" Nainen vastasi käärmeelle: "Kyllä me saamme syödä puutarhan puiden hedelmiä. Vain siitä puusta, joka on keskellä paratiisia, Jumala on sanonut: 'Älkää syökö sen hedelmiä, älkää edes koskeko niihin, ettette kuolisi.'"

*Silloin käärme sanoi naiselle: "Ei, ette te kuole. Mutta Jumala tietää, että niin pian kuin te syötte siitä, **teidän silmänne avautuvat** ja teistä tulee Jumalan kaltaisia, niin että tiedätte kaiken, sekä hyvän että pahan."*

*Nainen näki nyt, että puun hedelmät olivat hyviä syödä ja että se oli kaunis katsella ja houkutteleva, koska se antoi ymmärrystä. Hän otti siitä hedelmän ja söi ja antoi myös miehelleen, joka oli hänen kanssaan, ja mieskin söi. **Silloin heidän silmänsä avautuivat**, ja he huomasivat olevansa alasti. He sitoivat yhteen viikunanlehtiä ja kietoivat ne vyötärölleen.*

Avainkysymys, joka tuli Denisen mieleen, oli tämä: kun Raamattu sanoo, että "heidän silmänsä avautuivat", niin *mitkä silmät avautuivat?*

MITKÄ SILMÄT AVAUTUIVAT?

Oli ilmeistä, että paratiisissa miehen ja naisen fyysiset silmät olivat jo auki, olihan heidät luotu fyysisesti täysin kykeneviksi. Kun Raamattu siis sanoo, että heidän syötyään puun hedelmää heidän silmänsä avautuivat, herää kysymys:

Mitkä silmät avautuivat?

Kesti melko kauan, ennen kuin Herra paljasti vastauksen tähän kysymykseen. Joskus hän odottaa, ennen kuin kertoo vastauksen, koska meidän on käytävä läpi tietty prosessi päästäksemme sille paikalle, että voimme vastaanottaa vastauksen, jonka hän haluaa meille antaa. Juuri näin kävi tämän kysymyksen kohdalla. Kun Herra sitten vastasi, se tapahtui yhtäkkiä ja odottamatta, niin kuin usein käy. Hän sanoi hyvin selvästi: *Ne silmät, jotka avautuivat, olivat ihmisen mielen silmät hyvän ja pahan ymmärtämiseksi.*

Nämä silmät avautuivat! Siihen asti nämä silmät eivät olleet olleet auki. Kun mies ja nainen söivät hyvän ja pahan tiedon puusta, he siirtyivät aivan erityyppiseen näkemiseen ja ymmärtämiseen. Tämä erilainen tapa nähdä ja erilainen tapa ymmärtää ei ollut aktivoitunut aikaisemmin mutta oli nyt avautunut heidän syötyään hedelmästä. Ennen sitä he olivat nähneet sydämen silmillä: niillä, jotka näkivät rakkautta, hyväksyntää, iloa ja vapautta. Nyt nämä silmät alkoivat sulkeutua eivätkä enää toimineet. He eivät olleet enää yhteydessä Isään henkensä ja sydämensä kautta.

Samalla kun silmät hyvän ja pahan tietämiseen avautuivat, sydämen silmät alkoivat sulkeutua, elämän puu alkoi sumentua, ja kysymykset hyvästä ja pahasta, oikeasta ja väärästä, pyhästä ja epäpyhästä alkoivat nousta polttopisteeseen. Kuten tiedämme tästä Ensimmäisen Mooseksen kirjan kohdasta, mies ja nainen karkotettiin paratiisista, koska siitä lähtien heillä ei ollut enää mitään mahdollisuutta kommunikoida Isän kanssa ja olla yhteydessä häneen. Saatana oli onnistunut viekoittelemaan heidät pois yksinkertaisesta jumalasuhteesta monimutkaisiin järkeilyihin siitä, mikä on oikein ja väärin, hyvää ja pahaa, pyhää ja epäpyhää.

Katsoessamme Paavalin opetusta uudessa liitossa huomaamme, että se keskittyy tämän kääntämiseen päinvastaiseksi. Efesolaiskirjeen ensimmäisen luvun jakeessa 18 Paavali rukoilee, että "sydämen silmät" avautuisivat tai "valaistuisivat". Hän rukoilee, että sydän, joka on ollut sulkeutunut hyvän ja pahan tietämisen takia, tulisi valaistuksi ja pystyisi jälleen näkemään. Paavali rukoilee tätä pyytäessään viisauden ja ilmestyksen henkeä, jotta voisimme tuntea Jumalan hyvin läheisesti. Viisaus ja ilmestys tulevat elämän puusta. Kun sydämen silmät avautuvat, ne ovat avoimia viisaudelle ja ilmestykselle. Jumala voidaan tuntea ainoastaan sen viisauden ja ilmestyksen kautta, joka tulee häneltä.

Haluan korostaa tätä seikkaa, koska se on ratkaisevan tärkeä. Kun miehen ja hänen vaimonsa silmät avautuivat Eedenin puutarhassa, ne silmät, jotka kykenivät nauttimaan elämän puun antimia, tulivat heikoiksi. Sydämen silmät sokeutuivat. Alkuperäiset esivanhempamme karkotettiin paratiisista, jotta elämän puu ei enää olisi ollut heidän ulottuvillaan. Jumala halusi suojella heitä siltä käsittämättömän hirvittävältä mahdollisuudelta, että he söisivät *molemmista* paratiisin keskellä olevista puista. Jos he söisivät myös elämän puusta, he eivät kuolisi, vaan joutuisivat ikuisesti syömään hyvän ja pahan tiedon puusta. Näin ollen meille jäi ihmiskuntana mahdollisuus syödä ainoastaan hyvän ja pahan tiedon puusta.

YHTEYS JUMALAAN MENETETTIIN

Kun mies ja hänen vaimonsa söivät hyvän ja pahan tiedon puusta, heissä tapahtui valtava muutos. Sillä hetkellä kun heidän silmänsä avautuivat, he tulivat tietoisiksi alastomuudestaan ja sitoivat yhteen viikunanlehtiä peittääkseen itsensä. He tiesivät jo ennenkin olevansa alasti, mutta vasta heidän syötyään puusta siitä tuli heille ongelma. Sitä ennen heille ei ollut tullut mieleenkään, että heissä saattaisi olla jotakin vikaa. Mutta kun he olivat syöneet puusta, jokin oli yhtäkkiä väärin! Heidän ensimmäinen ajatuksensa oli, että he olivat jollakin tavoin viallisia, jokin heissä ei ollut kohdallaan. He olivat välittömästi tietoisia oikeasta ja väärästä, ja tätä tietoisuutta heillä ei ollut aikaisemmin ollut. He tarttuivat heti toimeen ja yrittivät korjata asian peittämällä itsensä. Väärän muuttaminen oikeaksi oli sekin aivan uusi ajatus heille.

Ajatellessani tätä eräänä päivänä mieleeni tuli kuva, joka auttaa selittämään sitä, mitä miehelle ja naiselle tapahtui Eedenin puutarhassa. Minun on pyydettävä sinua käyttämään mielikuvitustasi ja seuraamaan ajatuksenjuoksuani, jotta ymmärtäisit tämän.

Asian havainnollistamiseksi kuvittele mielessäsi, että ennen kuin mies ja nainen söivät paratiisin puusta, he olivat fyysiseltä olemukseltaan vihreitä. Lainaan tässä hieman C. S. Lewisin teosta *Perelandra (Matka Venukseen)*, jossa on hahmo nimeltä Vihreä Lady — ainakin voin näin tukeutua Lewisin auktoriteettiin laatiessani pikku skenaarioni! *Perelandra* on vertauskuvallinen kertomus, joka viittaa Aadamin ja Eevan tilaan Eedenin puutarhassa ennen syntiinlankeemusta. Lewisin tarinan naista, jota hän kutsuu nimellä

Vihreä Lady, voidaan pitää Eevan symbolina ennen kuin hän otti hedelmän hyvän ja pahan tiedon puusta.

Kuvittele, että Aadam ja Eeva olivat ihonväriltään vihreitä ollessaan paratiisissa. Vihreä väri muodostuu kahdesta eri väristä, sinisestä ja keltaisesta. Jos sinistä ja keltaista sekoitetaan toisiinsa, saadaan vihreää väriä. Jos kuvittelemme, että keltainen väri kuvaa maata ja sininen taivasta, Aadam ja Eeva olivat sekoitus taivasta ja maata. Jumalan persoonan taivaansinisestä ja heidän inhimillisyytensä savenkeltaisesta väristä muodostui yhdessä vihreä, täynnä Jumalaa oleva ihmiselämä. Se oli Jumalan tarkoitus heille. Jumala antoi oman kuvansa virrata saveen, jolloin ne molemmat sekoittuivat toisiinsa. Aadam ja Eeva luotiin maan tomusta, mutta he olivat täydellisessä yhteydessä Jumalaan.

Mutta sillä hetkellä kun he söivät hyvän ja pahan tiedon puusta, heidän sydämensä yhteys Jumalaan katkesi, sillä he tiesivät nyt tehneensä sellaista, mitä hän oli kieltänyt heitä tekemästä. Heidän näkökulmastaan katsottuna — ei Jumalan — oli tapahtunut eroaminen. Kuvittele, että Jumalan luonnon sininen väri poistui ja alkoi nopeasti häipyä olemattomiin. He muuttuivat nyt vihreistä keltaisiksi, takaisin inhimilliseen luontoonsa vailla Jumalan persoonallisuuden täyteyttä. He tajusivat kauhukseen olevansa alasti ja juoksivat peittämään itsensä viikunanlehdillä.

Viikunanlehdet ovat vihreitä. Verhoutuessaan niihin he yrittivät tehdä itsensä sellaisiksi kuin he olivat aikaisemmin olleet. Kun heillä oli yhteys Jumalaan ja kaikki oli hyvin, he olivat vihreitä. Niinpä viikunanlehdet olivat yritys saada tuo vihreys takaisin. Uskon, että tämä on ollut tunnusomaista ihmiskunnalle kautta koko ihmisen historian. Ihmiset ovat koettaneet laittaa ylleen viikunanlehtiä ja verhota itsensä maallisilla ja maailmallisilla asioilla voidakseen kätkeä sen tosiasian, että he ovat alasti ja ilman Jumalaa. He ovat yrittäneet tehdä itsensä jälleen hyväksyttäviksi.

Mikään muu kuin Jumalan oma luonto ei voi tehdä meistä läpikotaisin "vihreitä". Viikunanlehdet antavat vain ulkonaisen vaikutelman vihreydestä. Jos ne otetaan pois, ihmiskunnan langenneisuus tulee ilmi. Aadamilla ja Eevalla oli hetki, jolloin he nousivat vastustamaan Jumalaa, joka rakasti heitä — ja he tiesivät sen. He tekivät juuri sitä, mitä hän oli nimenomaan kieltänyt, ja yhtäkkiä jokin oli pielessä. He olivat juuri syöneet siitä tiedosta, mikä asia on oikein ja mikä väärin. Heidän mieltään kalvoi se, mikä on hyväksyttyä ja mikä ei. Heidän sydämensä silmät alkoivat sulkeutua ja nämä toiset silmät avautua. Ne silmät, jotka kykenivät havaitsemaan rakkautta ja hyväksyntää, olivat sulkeutumassa, ja nyt avautuivat mielen silmät. Mieli on hyödyllinen, ja sillä on oma paikkansa, mutta se ei voi nähdä Jumalaa. Mielemme avulla voimme ainoastaan selvittää, mikä on oikein tai väärin. Mielemme voi vain yrittää löytää viikunanlehtiä. Se ei voi olla rakkaussuhteessa eikä nauttia intiimistä läheisyydestä.

Lakihenkisyyden perusta

Meille oli järkytys tajuta, ettei kyseessä ole vain paha tieto. Sehän olisi ilmiselvää. Kielletty puu on *myös hyvän* tiedon puu, ja se onkin aivan eri asia. Siitä tulee itse asiassa vaarallista, koska silloin herää kysymys: mistä oikein tiedämme, kummasta puusta elämme? Ei ole kyse pelkästään siitä, että on olemassa hyvä ja paha ja että oikea vaihtoehto on valita hyvä. Ei! Kielletty puu oli sekä *hyvän* että pahan tiedon puu. Kuulostaa sangen oikealta, että meidän pitäisi keskittyä erottamaan se, mikä on hyvää, ja tekemään sitä, samoin kuin erottamaan paha ja välttämään sitä. Totuus on kuitenkin se, että hyvän ja pahan erottamiseen tähtäävä *toiminto kokonaisuu-*

dessaan on syömistä väärästä puusta ja niiden silmien käyttämistä, jotka avautuivat Saatanan puulle.

Kuinka voimme erottaa, elämmekö hyvän ja pahan tiedon puusta vai elämän puusta? Hyvän ja pahan tiedon puu tuottaa näet sellaisia hedelmiä, joiden uskomme olevan hyviä. Kaikki ei ole selvästi pahaa, ja juuri siinä on sen petollisuus. Kaikki puut tuottavat hedelmää, ja näistä kahdesta puusta tulee tietynlaisia hedelmiä. Jos tiedät, mitä hedelmät ovat, voit sanoa, kummasta puusta elät. Mitkä siis ovat näiden puiden hedelmiä? Katsotaan ensin hyvän ja pahan tiedon puuta.

Hyvän ja pahan tiedon puusta eläminen on lakihenkisyyden perusta. Silloin me päätämme itse. Teemme valintamme omien arvojemme nojalla, pyrimme ratkaisemaan, mikä on oikein ja mikä väärin, mikä on hyvää ja mikä pahaa. Ihmisen mieli arvioi jatkuvasti kaikkea yhden ainoan kysymyksen pohjalta: onko tämä oikein vai väärin?

Meistä tulee "hyvä poliisi ja paha poliisi" sanoessamme esimerkiksi: "Olen hyvä siinä ja siinä asiassa mutta huono tässä asiassa." Itsensä tuomitseminen ja itsensä puolustaminen nousevat etualalle. Tämän puun hedelmä on sitä, että lausumme tuomioita ihmisistä: tämä henkilö on hyvä, mutta tuo henkilö on paha. Sidomme itsemme jatkuviin pulmatilanteisiin yrittäessämme ratkaista jokaisen teon moraalista arvoa. Katselemme toinen toistamme arvostellen toistemme sanoja ja tekoja nähdäksemme, ovatko ne hyviä vai pahoja. Tehdessämme näin elämme hyvän ja pahan tiedon puusta.

Uskon, että Isän rakkauden tarkoitus on ottaa meidät pois tuon puun luota. Hänen rakkautensa täyttää meidät ja vapauttaa meidät elämästä tässä jatkuvassa arviointiprosessissa. Oikean ja väärän alituinen arvioiminen merkitsee ansaan joutumista, ja siitä Paavali sanoo Galatalaiskirjeen ensimmäisen luvun jakeessa 7 (engl. NIV-käännöksen mukaan), että kyseessä "ei ole mikään evankeliumi". Paavalin sanat galatalaisille voisi muotoilla vapaasti näin:

> *Kuinka ihmeessä kuvittelitte, että se toimisi? Jumala on antanut meille Henkensä, jonka varassa elämme, ja nyt kun olette päässeet Hengen vapauteen, käännyttekin ympäri ja palaatte takaisin elämään lain mukaan. Laissa on aina kyse oikeasta ja väärästä, hyvästä ja pahasta. Te aloititte Hengessä ja nyt yritätte lopettaa lihassa!*

Liha rakastaa tällaista! Liha rakastaa lakia. Liha iloitsee hyvän ja pahan tietämisestä. Vapaus on lihalle erittäin vaikea asia. Hyvän ja pahan tiedon puusta eläminen merkitsee sitä, että olemme lakihenkisyyden sitomia. Siitä on lähtöisin pelko ja kaikenlainen ponnistelu, johon joudumme ihmetellessämme, olemmeko tehneet tarpeeksi. Mistä edes tiedämme, olemmeko vai emmekö ole tehneet tarpeeksi? Epäonnistumisen pelko nousee hyvän ja pahan tiedon puusta. Pelkäämme olevamme riittämättömiä. Pelkäämme, ettemme pärjää tarpeeksi hyvin emmekä täytä mittaa. Pelkäämme, ettemme onnistu. Tuomitsemme itsemme ja mittaamme itseämme lain mittapuun mukaan ratkaistaksemme, olemmeko onnistuneet vai epäonnistuneet. Tämä vaikuttaa meihin arkielämässämmekin. Yksi esimerkki on työpaikka, jossa tarkkaillaan jatkuvasti, pärjäämmekö tarpeeksi hyvin. Kunnianhimomme ja ponnistelumme johtuu suureksi osaksi tästä. Meitä ajaa halu olla "tarpeeksi hyviä", olla "oikeassa", olla "erinomaisia".

MISTÄ HYVÄN JA PAHAN TIEDON PUU ON PERÄISIN?

On ratkaisevan tärkeää tietää, mistä hyvän ja pahan tiedon puu on peräisin. Päinvastoin kuin joku saattaa luulla, hyvän ja pahan tiedon puu ja elämän puu *eivät ole* saaneet alkuaan Eedenin puutarhasta. Ensimmäisessä Mooseksen kirjassa ei sanota, että Jumala *istutti* nämä kaksi puuta paratiisiin. Ensimmäinen Mooseksen kirja 2:8–9 näyttää viittaavan siihen, että nämä kaksi puuta eivät olleet Jumalan istuttamia samalla tavoin kuin muut paratiisin puut:

Herra Jumala istutti puutarhan itään, Eedeniin, ja asetti sinne ihmisen, jonka hän oli tehnyt. Ja Herra Jumala kasvatti maasta kaikki puut, jotka olivat ihania nähdä ja hyviä syödä. Keskellä puutarhaa oli myös elämän puu sekä hyvän ja pahan tiedon puu. - 1. MOOS 2:8,9, ENGL. NKJV-KÄÄNNÖS

Ne olivat saaneet alkunsa jostakin muualta jo ennen maailman luomista ja ennen ihmisen luomista. Elämän puun alkuperä on ikuisuudessa. Se ilmentää kaikkea sitä, mitä Jumala itse iankaikkisessa luonnossaan on. Sen juuret ovat Jumalassa. Elämän puun ikuinen luonne vahvistuu myös Ilmestyskirjan luvussa 22. Mutta mistä hyvän ja pahan tiedon puu on peräisin? Saadaksemme käsityksen tästä meidän on katsottava profeetta Hesekielin kirjaa. Hesekiel 28:12–15 sanoo:

Sinä olit täydellisistä täydellisin, täynnä viisautta, itse kauneus. Olit Eedenissä, Jumalan puutarhassa, ja sinua koristivat kalliit kivet, karneolit, topaasit ja kalsedonit, krysoliitit, onyksit, jaspikset, safiirit, turkoosit ja smaragdit. Pukusi oli kullalla kirjailtu. Jo syntyessäsi oli kaikki valmiina. Kerubiksi minä sinut tein, sädehtiväksi vartijaenkeliksi, sinä olit pyhällä vuorella, käyskentelit välkehtivien kivien keskellä. Moitteen sijaa ei sinussa ollut siitä päivästä, jona sinut loin, siihen päivään, jolloin lankesit pahaan.

Luemme edelleen jakeesta 17:

Sinun sydämesi ylpistyi sinun kauneudestasi, ihanuutesi tähden sinä turmelit viisautesi. - ENGL. NKJV-KÄÄNNÖS

Tämä jakso on profeetallinen julistus Tyroksen kuninkaalle, mutta se puhuu syvemmällä tasolla myös Saatanasta. Se osoittaa Saatanan alkuperän. Hän oli aikanaan Lucifer, yksi arkkienkeleistä. Mielestäni on erittäin kiinnostavaa, että Raamatun mukaan Saatanalla on sydän. Hänen sydämensä ylpistyi hänen poikkeuksellisen kauneutensa tähden. Haluan tässä kuitenkin painottaa erityisesti sitä, että Saatana oli ollut täynnä Jumalan viisautta, mutta hänen viisautensa *turmeltui*. Tähän hetkeen saakka Saatana oli omistanut täydellisen viisauden, samankaltaisen viisauden kuin Jumalalla on. Hän oli ollut täynnä Jumalan viisautta, mutta hänen kauneutensa takia hänen sydämensä ylpistyi, ja hänestä tuli ylpeä ja ylimielinen. Hän halusi syrjäyttää Jumalan, ja hänen viisautensa turmeltui. Mitä tämä turmeltunut viisaus oli?

Turmeltunut viisaus arvioi jatkuvasti sitä, mikä on oikein ja mikä väärin. Se *oli* ollut viisautta, joka kumpusi rakkaudesta häneen, joka näkee ja tietää kaiken, mutta siitä tuli viisautta, joka perustuu kykyyn arvioida hyvää ja pahaa. Se tiivistyi sen tekemiseen, mikä on oikein, ja sen välttämiseen, mikä on väärin. Näin viisaus turmeltui, ja siitä lähtien se on ollut Saatanan viisautta. Hyvän ja pahan tiedon puu on enemmän kuin pelkkä puu. Se on ilmaus Saatanan luonteesta. Se on hänen turmeltuneen viisautensa perusolemus.

Tieto hyvästä ja pahasta painottaa vahvasti oikeita tekoja mutta ei oikeita motiiveja. Se jättää huomiotta oikean sydämen. Jos ulkonaisesti näyttää hyvältä, silloin kaikki on hyvin. Jeesus sen sijaan korosti oikeanlaisen sydämen tärkeyttä. Hänen ankarin arvostelunsa kohdistui niihin, joiden elämä oli vain "oikeiden asioiden" tekemistä. Hän kutsui heitä "kalkilla valkaistuiksi haudoiksi". He elivät hyvän ja pahan tiedon puusta käsin. Saattaa olla, että he toimivat ulkonaisesti oikein, ja saattaa olla, että he kunnostautuivat "oikeiden asioiden" tekemisessä, mutta heidän sydämensä eivät olleet muuttuneet. On näet niin, että vaikka teko olisi väärä tai sanat eivät tulisi suusta ulos niin kuin pitäisi, ihmiset voivat silti ottaa sen vastaan, kunhan sydän on oikea, koska he tietävät, että sydämen motiivina on rakkaus. Jos elät hyvän ja pahan tiedon varassa, kaiken on oltava täydellistä. Jos sitten sanot tai teet jotakin väärin, se on todella väärin.

Hyvän ja pahan tiedon puu on lähtökohta suorituskeskeisyydelle ja suorituspaineille. Eläessämme tällä tavoin olemme riittävän hyviä vain, jos olemme täydellisiä. Arvomme on suoraan sidoksissa suorituksiimme. Arvostelemme itseämme ankarasti, ja saman mittapuun mukaan arvostelemme myös toisia. Et voi arvostella itseäsi ankarasti arvostelematta myös toisia ankarasti ja päinvastoin. Monilla uskonnollisilla ryhmillä on tällainen vaatimustaso, ja ellet täytä vaatimuksia, olet väärässä, emmekä näin ollen voi olla tekemisissä kanssasi. Tämä pätee sekä yksilötasolla että yhteisön tasolla.

Tässä toimii kylvämisen ja niittämisen laki. Sen tähden Jeesus sanoi: *Älkää tuomitko, ettei teitä tuomittaisi. Niin kuin te tuomitsette, niin tullaan teidät tuomitsemaan, ja niin kuin te mittaatte, niin tullaan teille mittaamaan.* (Matt. 7:1–2) Kun alamme tuomita toisia hyvän ja pahan, oikean ja väärän perusteella, asetamme itsemme alttiiksi saman mittapuun mukaiselle tuomiolle. Tämä on yleispätevä periaate. Apostoli Paavali tiesi tämän sanoessaan: "...en minä

itsekään tuomitse itseäni" (1. Kor. 4:3, vuoden 1938 suomennos).
Tämä on hämmästyttävä väite. Apostoli Paavali ei tuominnut
itseään millään tavalla! Olemme ehdollistuneet arvioimaan elämäs-
sämme jatkuvasti sitä, ovatko tekomme oikeita vai vääriä. Emme
arvioi vain itseämme, vaan asetamme muutkin saman valokeilan
alle. Apostoli Paavali ei suostunut elämään siitä puusta, joka arvioi
asiat oikeiksi tai vääriksi. Meidänkään ei tule tehdä niin.

Tällaista arviointia esiintyy yleisesti kristillisessä opetuksessa.
Opetuslapseuskoulutus korostaa usein jatkuvaa itsearvioinnin
tarvetta. Surullista kyllä, tämä opetus perustuu paljolti lakihenki-
syyteen, joko ilmiselvästi tai huomaamattomasti, mutta se on joka
tapauksessa lakihenkisyyttä, koska se tulee hyvän ja pahan tiedon
puusta. Se ei perustu evankeliumiin uudesta liitosta, johon Jeesus
on kuolemallaan meidät tuonut.

Kylvämisen ja niittämisen laki

Koko joukko hengellisiä lakeja alkaa vaikuttaa silloin, kun
katsomme ja arvioimme toinen toistamme. Yksi tällainen periaate
on kylvämisen ja niittämisen laki. Kun kylvät pienen tuomion
siemenen, niität vastaavasti tuomion satoa. Jumala tarkoitti kyl-
vämisen ja niittämisen lain meille siunaukseksi. Hän halusi, että
saisimme niittää runsaan sadon yhdestä pienestä siemenestä. Mikä
siunaus se olisikaan! Muutaman siemenen kylvettyämme saisimme
jonkin ajan kuluttua kokonaisen pellon täydeltä sitä, mitä olimme
kylväneet. Se, mikä pätee luonnollisessa maailmassa, pätee yhtä
hyvin hengellisessä maailmassa. Sama periaate, joka oli alun perin
suunniteltu meidän hyväksemme, voikin nyt toimia meitä vastaan.
Voimme kylvää epäsovun tai tuomion siemenen, ja jossakin
vaiheessa alamme niittää sitä, mitä olemme kylväneet. Niitämme
samassa määrin (tai enemmän) kuin itse olemme kylväneet.

Tämä näkyy selvästi kasvattaessamme lapsia. Usein vannomme itsellemme, ettemme *ikinä* käyttäydy samoin kuin vanhempamme. Päätämme tehdä asiat eri tavalla kuin he. Mutta sitten tapahtuu jotakin, ja saamme järkytykseksemme kuulla vanhempiemme käyttämien sanojen tulevan ulos omasta suustamme. Olemme tuominneet omat vanhempamme, ja nyt niitämme niiden tuomioiden satoa kohdellessamme omia lapsiamme aivan samalla tavalla. Alamme toteuttaa omassa elämässämme juuri sitä, mistä olemme tuominneet vanhempamme.

Mieleen tulee toinenkin esimerkki. Joskus tuntuu uskomattomalta, että joku nainen, jolla on ollut väkivaltainen isä, menee naimisiin hyvin samantapaisen miehen kanssa. Eikö hän voisi etsiä jotakuta, joka olisi hänelle kiltti, rakastava ja ystävällinen? Usein takana on kuitenkin tuomitsemista. Raamattu on hyvin selkeä tässä asiassa. Heprealaiskirjeen kirjoittaja varoittaa nimenomaan: ”...ja pitäkää huoli siitä, ettei kukaan jää osattomaksi Jumalan armosta, 'ettei mikään katkeruuden juuri pääse kasvamaan ja tekemään häiriötä', ja monet sen kautta tule saastutetuiksi” (Hepr. 12:15, vuoden 1938 suomennos). Tuollainen katkeruuden juuri voi pysyä maaperässä vuosikausia, mutta sen tultua täysin kypsäksi saamme niittää sitä. Se palaa luoksemme moneen kertaan ja monissa eri tilanteissa. Nainen menee naimisiin aivan samanlaisen miehen kanssa kuin hänen oma isänsä, jonka hän oli tuominnut. Poika kohtelee omaa lastaan juuri samoin kuin hänen isänsä, jonka hän oli tuominnut. Kun tuomitset jonkun katkeruuden vallassa, sama tuomio palaa takaisin sinulle itsellesi.

Otetaan vielä yksi esimerkki. Mistä johtuu, että seurakunta, joka irrottautuu jostakin toisesta, hyvin harvoin menestyy? Syynä on se, että seurakunta on muodostunut tuomitsemisen seurauksena, ja ennen pitkää tuo sama juuri nousee jälleen esiin. Ellei katkeraa tuomiota ole käsitelty eikä sovitusta ole tapahtunut, niin että rakkaus voi uudelleen virrata, sama tuomio tulee näkyviin heti seuraavassa asiassa, jonka teemme! Tätä ei pidä väheksyä, se on peruuttamaton hengellinen laki.

Usein ihmiset tuomitsevat toisia aviorikoksesta. Sitten he sortuvat aivan samaan kiusaukseen itse. Monet elämämme ongelmat juontavat juurensa omista tuomioistamme: meistä tulee juuri sitä, minkä olemme tuominneet. Tosiasiassa toisten tuomitseminen on pelkkää omavanhurskautta. Joskus olemme ylpeitä siitä, että puolustamme vanhurskautta, vaikka tosiasiassa olemme lausuneet tuomioita omassa sydämessämme. Emme näe hirttä omassa silmässämme yrittäessämme poistaa roskaa jonkun toisen silmästä.

Erittäin vahva tässä toimiva voima on se, että vääryyksien tuomitseminen itsessämme tai muissa on uskonnollisen elämän muoto, jonka lähteenä on hyvän ja pahan tiedon puu. Syödessämme tästä puusta meille koituu väistämättä seurauksia. Galatalaiskirje 3:10 sanoo hyvin selvästi:

Ne taas, jotka luottavat lain noudattamiseen, ovat kirouksen alaisia. Onhan kirjoitettu: "Kirottu on jokainen, joka ei tee kaikkea, mitä lain kirja käskee."

Monet meistä ihmettelevät, miksi elämässämme ei ole Jumalan siunausta niin kuin hän on luvannut. Ehkä meidän on syytä varata aikaa pyytääksemme Pyhää Henkeä näyttämään meille, väijyykö jossakin jonkinlaisia tuomioita. Olemmeko jollakin tavoin tuominneet muita *ja itseämme* yrittäessämme elää lain alla. Eläessämme lain alla elämme kirouksen alaisina, koska koko järjestelmä on kirottu. Sen alla on mahdotonta menestyä.

Elämä sydämestä käsin

Elämässäni ja palvelutehtävässäni painotan nykyään erittäin paljon sydämeni elämää. Sydämen keskeinen asema on äärimmäisen tärkeä kristillisessä elämässä. Hengellisesti emme voi ymmärtää mitään luonnollisella järjellämme, vaan se tapahtuu hengessämme ja sydämessämme. Sanomattakin on selvää, että järki on hyvä asia, koska Jumala on sen luonut. Jumala haluaa meidän käyttävän järkeämme, mutta hänen tarkoituksensa oli, että sen toiminta olisi kytkettynä elämän puuhun. Vastakohtana Jumalan suunnitelmalle on järjen käyttäminen yhteydessä hyvän ja pahan tiedon puuhun. Siinä tapauksessa käytämme järkeämme tekemällä koko ajan arvioita siitä, mikä on oikein ja mikä väärin, ja meillä on tarve elää kaavojen ja periaatteiden mukaan. Haluamme elää sääntöjen mukaisesti. On helpompi vedota tietyssä tilanteessa *käsikirjan sääntöihin* kuin tehdä päätös sydämensä mukaan. Ohjenuoran mukaan eläminen tarkoittaa sitä, ettemme käytä "Hengen mieltä" (Room. 8:6, 27, vuoden 1938 suomennos) arvioidaksemme, mitä tulisi tehdä tietyssä tilanteessa. Jos yritämme ratkaista asiat järjellämme, se saa aikaan hengellistä kuolemaa. Se arvostelukyky ja tietäminen, mikä tulee sydämen yhteydestä elämän puuhun, on aivan eri asia kuin yritys selvittää kaikki asiat luonnollisella järjellämme.

Mietipä seuraavaa! Efesolaiskirjeen neljännen luvun jakeissa 17 ja 18 Paavali sanoo hyvin voimakkaasti:

Minä varoitan teitä vakavasti Herran nimeen (vaadin ehdottomasti Herrassa, engl. NIV-käännös): älkää enää eläkö niin kuin pakanat! **Heidän ajatuksensa ovat turhanpäiväisiä,** *heidän ymmärryksensä on hämärtynyt, ja se elämä, jonka Jumala antaa, on heille vieras, sillä he ovat tietämättömiä ja sydämeltään paatuneita.*

Paavali ei monestakaan asiasta kirjoita yhtä voimakkaasti, *vaatimalla* ehdottomasti Herrassa, joten ehkäpä odottaisimme hänen aikovan sanoa jotakin esimerkiksi seksuaalisista synneistä. Sen sijaan hän *vaatii ehdottomasti Herrassa*, etteivät he enää eläisi ajatellen turhanpäiväisiä asioita. Lisäksi Paavali yhdistää turhanpäiväisten asioiden ajattelemisen ymmärryksen hämärtymiseen ja sydämen paatumiseen. Se on erittäin vakava asia.

Näemme tässä järjen ja sydämen välisen yhteyden. Se, että yritämme elää hyvän ja pahan tiedon puusta, on Paavalin mukaan "turhanpäiväistä ajattelua". Toisin sanoen: emme pysty ajattelemaan kunnolla, jos olemme erillämme sydämestämme. Jos sydämemme on paatunut, olemme tietämättömiä siitä, kuinka Jumalan mieli toimii. Sydämemme paatumisen vuoksi olemme tietämättömiä hänen ajatuksistaan ja arvioinneistaan. Jumalan ajatukset ja arvioinnit kumpuavat hänen rakastavasta sydämestään.

Tämä on asia, joka jää meiltä helposti huomaamatta. Meidän on ammennettava siitä, missä on elämää, sen sijaan että yrittäisimme arvioida, onko jokin asia oikein vai väärin. Meidän ei tarvitse olla huolissamme siitä, ovatko kaikki elämämme asiat vaaditulla tasolla. Jos elämme sydämestämme käsin, yhteydessä elämän puuhun, ei ole mitään tarvetta huolestua sellaisesta. Olisi valtava helpotus olla täysin vapaa arvioimisen pakkomielteestä ja päästä sisälle siihen elämään, joka virtaa Jumalan sydämestä. Todellinen evankeliumi on sitä, että olemme kosketuksissa elämään! Mikä helpotus ja ilo onkaan omistaa avoin sydän ja elää Jumalan rakkaudessa, tarvitsematta olla koko ajan varpaillaan ja arvioida joka hetki, ovatko asiat oikein vai väärin.

ELÄMÄN PUU

Haluan nyt puhua elämän puusta. On nurinkurista, että hyvän ja pahan tiedon puusta näyttää olevan enemmän sanottavaa kuin elämän puusta. Se johtuu siitä, että elämän puu on itse asiassa hyvin yksinkertainen. Elämän puu on yksinkertaisesti sitä, että olemme kosketuksissa Jumalan rakkauteen ja elämme siinä. Se on pysymistä siinä rakkaudessa, josta Isä ja Poika nauttivat Pyhän Hengen yhteydessä. Voimme kaiken aikaa kokea Isän ja hänen Poikansa Jeesuksen rakastavan meitä. Pyhä Henki vuodattaa tätä rakkautta meihin yhä uudelleen uskoessamme siihen (Room. 5:5).

Elämän puussa on myös hedelmää. Galatalaiskirje 5:22 kuvailee sitä. Se on rakkautta, iloa, rauhaa, kärsivällisyyttä, ystävällisyyttä, hyvyyttä, uskollisuutta, lempeyttä ja itsehillintää. Paavali sanoo, että "näitä vastaan ei ole laki". Juuri tätä Isän rakkaus saa automaattisesti aikaan elämässämme.

Näemme tämän uudelleen ja vielä selvemmin Ensimmäisen Korinttilaiskirjeen luvussa 13. Alkujakeissa Jumala sanoo, että vaikka meillä olisi kuinka paljon lahjoja, emme olisi yhtään mitään ilman tätä rakkautta. Sitten kuvataan, mitä Jumalan rakkaus saa aikaan meissä, kun se vuodatetaan sydämeemme:

> *Rakkaus on kärsivällinen, rakkaus on lempeä. Rakkaus ei kadehdi, ei kersku, ei pöyhkeile, ei käyttäydy sopimattomasti, ei etsi omaa etuaan, ei katkeroidu, ei muistele kärsimäänsä pahaa, ei iloitse vääryydestä vaan iloitsee totuuden voittaessa. Kaiken se kestää, kaikessa uskoo, kaikessa toivoo, kaiken se kärsii. Rakkaus ei koskaan katoa.*

Juuri tällaiseksi persoonallisuutemme tulee automaattisesti, kun Isämme rakkaus virtaa meihin. Kun elämme hyvän ja pahan tiedon puun mukaan, toimintamme perustuu päätöksiimme ja tietämyksemme siitä, mikä on oikein ja mikä väärin. Mutta kun saamme lakkaamatta kokea, että Isä rakastaa meitä, sydämestämme tulee Jumalan sydämen mukainen sydän. Vaikuttimemme ovat samoja kuin hänen, ja tunnemme samoin kuin hän. Hänen rakkautensa virta alkaa sitten vuotaa yli kaikkine niine luonteenpiirteineen, joita sanomme Hengen hedelmäksi.

Jaakobin kirjeen kolmannen luvun jakeissa 13–18 näkyy jälleen näiden kahden puun ja niistä kumpuavan elämän vastakkaisuus:

> *Kuka teistä on viisas ja ymmärtäväinen? Esittäköön hän osoitukseksi hyvästä vaelluksesta tekonsa, sävyisästi, niin kuin viisas tekee. Mutta jos teidän sydäntänne hallitsee katkera kateus ja riidanhalu, älkää vastoin totuutta kerskuko kuvitellulla viisaudellanne. Sellainen ei ole ylhäältä tulevaa viisautta, vaan maallista, ihmisistä tulevaa, pahojen henkien viisautta. Sillä siellä, missä kateus ja riidanhalu vallitsevat, on myös hillittömyyttä ja kaikenlaista pahaa. Mutta ylhäältä tuleva viisaus on puhdasta ja pyhää, ja niin se myös rakentaa rauhaa, se on lempeää ja sopuisaa, täynnä armahtavaisuutta ja hyviä hedelmiä, se on tasapuolista ja teeskentelemätöntä. Vanhurskauden siemen kylvetään rauhan tekoina, ja se tuottaa hedelmän niille, jotka rauhaa rakentavat.*

Seurustellessamme Jumalan kanssa syömme elämän puusta. Kun syömme elämän puusta ja kun sydämemme silmät alkavat avautua, vaellamme ja elämme siinä viisaudessa ja ilmestyksessä, josta Paavali puhuu Efesolaiskirjeen ensimmäisessä luvussa. Juuri siinä on elämää. Elämä ei ole enää sen ratkaisemista, mikä on hyvää tai pahaa ja oikeaa tai väärää, vaan se on elämistä tässä valtavassa rakkaudessa. Siinä on rakkaus, että elämme lähellä Isää hänen Pojassaan. Juuri näin Aadam eli Eedenin puutarhassa ennen syntiinlankeemusta. Aadamilla oli elävä kosketus Isään.

Rakkaus peittää

Olemme palaamassa takaisin siihen elämään. Se on rakkautta, joka peittää kaiken. Tätä todellisuutta kuvataan kauniisti Luukkaan evankeliumin seitsemännessä luvussa, jossa Jeesus vierailee fariseus Simonin talossa. On omituista, että useimmissa nykyisissä raamatunkäännöksissä tämän jakson otsikkona on "Syntinen nainen".

Tämä tapahtuma oli todella ällistyttävä sen ajan kulttuurissa. Fariseuksen taloon kokoontuneilla miehillä oli kaikki asiat kunnossa. Omasta mielestään he olivat matkalla kohti uutta Jumalan valtakuntaa, joka oli tulossa maan päälle. He olivat lain vartijoita. Lain kirjaimen noudattaminen oli heille ehdottomasti kaikkein tärkein asia. Joka ikinen lain kirjain ja piirto täytti heidän päivittäisen elämänsä.

Tälle naiselle on täytynyt olla todella pelottavaa astua huoneeseen, joka oli täynnä yhteiskunnan huipulla olevia miehiä. He kaikki olivat siellä hienoissa vaatteissaan, tyytyväisinä itseensä täytettyään lain vaatimukset. He olivat järjestäneet erityisen aterian ja kutsuneet tämän rabbin, Jeesuksen, syömään kanssaan. He katsoivat olevansa sisäpiiriläisiä Jumalan suunnitelmissa. Mielestäni on erittäin kiinnostavaa, että nämä miehet tiesivät, kuka nainen oli. He tiesivät, että hän oli prostituoitu. Joskus ihmettelen, kuinka he saattoivat tietää hänen ammattinsa!

Jeesuksen läsnäolossa on jotakin, mikä vaikuttaa särkyneisiin, nöyryytettyihin, saastaisina ja arvottomina pidettyihin ihmisiin.

Niille meistä, joilla ei ole mitään jäljellä, Jeesuksen luo tuleminen on viimeinen toivo. Kaikkein ihaninta on, että Jeesus kohtaa meidät särkyneisyydessämme. Herran läsnäolo on vapaasti kaikkien saatavilla. Hänen läsnäolonsa on todellista, koska hänen sydämensä on suuntautunut meihin. Tähän tilanteeseen tämä nainen, kokonaan ulkopuolinen, saapuu.

Simonin taloon kokoontuneet fariseukset tuomitsivat hänet syntiseksi naiseksi. Jeesuksen sydän häntä kohtaan ei kuitenkaan ollut samanlainen. Nainen tuli särkyneenä, kaikki muut vaihtoehdot menettäneenä. Häntä oli nöyryytetty kaikin mahdollisin tavoin. Lopulta, kun millään ei ollut enää väliä, hän oli valmis panemaan kaiken alttiiksi. Hän vuodatti sydämensä Jeesukselle ja pesi hänen jalkansa kyynelillään. Hän ei omistanut mitään, mutta antoi kaiken, mitä hänellä oli jäljellä.

Fariseukset näkivät tässä tilanteessa prostituoidun antamassa käyntikorttinsa miehelle, joka sanoi olevansa Jumalan Poika. He istuivat ihmetellen, miten Jeesus suhtautuisi tähän. Oliko hän moraalisesti puhdas mies? Osasiko hän hoitaa tilanteen asianmukaisella tavalla? Sananlaskujen kirjassa sanotaan, että prostituoitu tunnetaan suudelmistaan, hiuksistaan ja tuoksustaan. Tämä nainen antoi ne kaikki. Tuoksuöljy oli luultavasti sellaista, mitä hän käytti työssään. Hänen hiuksensa ja suudelmansa olivat hänen työvälineitään. Tässä oli kaikki, mitä hän pystyi antamaan, ja sen hän antoi. Hän antoi itsensä ja omanarvontuntonsa rippeet: ammattinsa työvälineet. Hän toi kaiken Jeesuksen jalkojen juureen.

Näemme jakeessa 39 näytteen siitä, mitä on elää hyvän ja pahan tiedon puusta:

Fariseus, joka oli kutsunut Jeesuksen, näki sen ja ajatteli:

"Jos tämä mies olisi profeetta, hän kyllä tietäisi, millainen nainen häneen koskee. Nainenhan on syntinen."

Fariseuksen tuomio perustui selvästi siihen, mikä on oikein ja mikä väärin, mutta Jeesus ei yhtynyt tähän. Se tässä juuri onkin hienoa, että Jeesus *todella oli* profeetta ja tiesi *tarkalleen*, kuka nainen oli. Jakeesta 40 luemme:

Silloin Jeesus sanoi hänelle: "Simon, minulla on sinulle puhuttavaa." "Puhu vain, opettaja", fariseus vastasi.

Simon vastasi näin, koska halusi saada lisää informaatiota, johon voisi perustaa tuomionsa. Mutta Jeesus jatkoi kertomalla vertauksen.

"Oli kaksi miestä", sanoi Jeesus. "He olivat velkaa rahanlainaajalle, toinen viisisataa, toinen viisikymmentä denaaria. Kun heillä ei ollut millä maksaa, rahanlainaaja antoi molemmille velan anteeksi. Miten on, kumpi heistä nyt rakastaa häntä enemmän?" Simon vastasi: "Eiköhän se, joka sai enemmän anteeksi."

"Aivan oikein", sanoi Jeesus. Hän kääntyi naiseen päin ja puhui Simonille: "Katso tätä naista. Kun tulin kotiisi, sinä et antanut vettä jalkojeni pesuun, mutta hän kasteli jalkani kyynelillään ja kuivasi ne hiuksillaan. Sinä et tervehtinyt minua suudelmalla, mutta hän on suudellut jalkojani siitä saakka kun tänne tulin. Sinä et voidellut päätäni öljyllä, mutta hän voiteli jalkani tuoksuöljyllä. Niinpä sanonkin sinulle: hän sai paljot syntinsä anteeksi, sen vuoksi hän rakasti paljon. Mutta joka saa anteeksi vähän, se myös rakastaa vähän."

Huomaa, että Jeesus kääntyi naiseen päin mutta puhutteli Simonia. Voin kuvitella, että Jeesus oli täynnä rakkautta ja myötätuntoa katsoessaan naista. Hän tiesi, että nainen oli antanut kaiken, mitä omisti. Olikohan nainen ollut paikalla Jeesuksen pitäessä vuorisaarnansa? Ehkä nainen oli nähnyt hänen silmissään tai kuullut hänen äänessään jotakin sellaista, mikä erotti Jeesuksen kaikista muista hänen kohtaamistaan miehistä. Naisen kaipaus ja tarve saada rakkautta sai vastakaikua Jeesuksessa. Jotenkin nainen tiesi, että Jeesus rakastaisi häntä juuri sillä tavalla kuin hän kaipasi. Jeesus rakasti häntä isänrakkaudella, joka nosti ennalleen hänen arvonsa ihmisenä. Hän osoitti rakkautta, joka voitti ylivoimaisesti kaikki oikeaa ja väärää koskevat moraalisäännöt.

Rakkaus ei koskaan häviä

Kuinka tämä naisparka tiesi, että oli kyse rakkaudesta? Kuinka hän tiesi, että kristillisessä elämässä ei oikeastaan ole kysymys oikeasta ja väärästä, hyvästä ja pahasta tai siitä, että kaikki asiat ovat kohdallaan ja tehdään sitä, mikä on oikein?

Se on yksinkertaista. Elämän puu merkitsee rakkautta, joka peittää kaikki ne asiat, joiden moraaliarvon tutkimiseen meiltä kuluu paljon aikaa. Jos rakastamme, emme voi mennä harhaan. Kun seurustelemme Isän kanssa, sydämemme silmät avautuvat uudelleen. Ne silmät, jotka avautuivat ihmiskunnan otettua hedelmän hyvän ja pahan tiedon puusta, sulkeutuvat jälleen, ja sydämen silmät avautuvat uudelleen, niin että voimme syödä vapaasti elämän puusta. Jos syömme sitä, mikä on Isän rakkautta, rakastamme Isän rakkaudella!

Kun alamme todella vaeltaa rakkaudessa, on paljon asioita, joita meidän ei tarvitse ratkaista. Jos sydämesi haluaa jatkuvasti syödä elämän puusta ja antaa vapauttavia ja armahtavia tuomioita, on paljon helpompi rakastaa kuin tehdä mitään muuta. Mutta silloin kun emme rakasta, meidän on arvioitava kaikkea. Kun rakastamme, voimme päästää ihmiset vapaiksi, koska ei ole meidän asiamme langettaa heille tuomioita.

Antakoon Jumala meille samanlaisen ihanan viattomuuden, joka Jeesuksella oli. Hän ei tuominnut. Hän oli ainoa, joka olisi voinut julistaa oikeita tuomioita, mutta hän ei tehnyt niin. Jos hänen tehtävänsä ei ollut tuomita, niin se ei toden totta ole meidänkään tehtävämme. Elämä on paljon iloisempaa ja vapaampaa, kun ei tarvitse miettiä, kuinka oikeassa tai väärässä joku on. Jos tarvitaan ojennusta, anna sellaista ojennusta, joka tuo elämää, ei kuolemaa. Rakkaudellinen kuri ja huolenpito auttaa ihmisiä uudelleen eloon. Elämän puu katsoo sydämeen, ei tekoihin.

Elämän puu on rakkauden ja vapauden perusta. Mikä tahansa tuomio, joka annetaan Jumalan rakkauden näkökulmasta ja elämän virrassa, on oikea tuomio. Sen sijaan toisesta puusta tuleva tuomio saa aikaan kahleita ja kuolemaa. Juuri tästä Jaakob puhuu kirjeensä toisen luvun jakeissa 12 ja 13:

> *Vapauden lain mukaan teidät tuomitaan; pitäkää se mielessänne, mitä puhutte tai teettekin. Joka ei toista armahda, saa itse armottoman tuomion, mutta joka armahtaa, saa tuomiosta riemuvoiton.*

Vapaudella ja armahtamisella on tässä valtavan suuri merkitys. Armahdus saa tuomiosta riemuvoiton. Siellä, missä tuomion sijasta annetaan armahdus, Jumalan tahto on saanut voiton. Armahtaminen on sitä, että syyllinen päästetään vapaaksi ja että hänelle toivotetaan siunausta. Jumala näkee meidät tällä tavoin. Hän katsoo meitä armahtavasti eikä tuomitse meitä. Hänen rakkautensa ei rankaise meitä, ja siksi meillä ei ole mitään pelättävää, kuten 1. Joh. 4:18 sanoo (engl. NIV-käännöksen mukaan):

Rakkaudessa ei ole mitään pelkoa, vaan täydellinen rakkaus karkottaa pelon, sillä pelko liittyy rangaistukseen.

Kun tiedämme, ettei rangaistusta enää ole, koska armahdus on saanut tuomiosta riemuvoiton, emme enää pelkää. Tässä rakkaudessa, joka Jumalalla on meitä kohtaan, ei ole mitään pelkoa. Synti, josta on tehty parannus, ei enää tuota mitään tuomiota:

Kuka voi syyttää Jumalan valittuja? Jumala on se, joka vanhurskauttaa. - ROOM. 8:33, VUODEN 1938 SUOMENNOS

Synnistä saattaa olla seurauksia elämässä, mutta kun synnistä on tehty parannus, Jumalan näkökulmasta katsottuna hänen armonsa on saanut riemuvoiton tuomiosta. Tuomitseminen on vakavimpia asioita meidän ja Jumalan välillä. Kuinka me voimme istua tuomitsemassa jotakuta Jumalan kansaan kuuluvaa, jonka hän on vanhurskauttanut? Jos Jumalalla ei ole enää mitään ongelmaa tämän henkilön suhteen, kuinka me pelkkinä kuolevaisina voimme sanoa, ettei hän ole meidän seuramme arvoinen?

Meillä kaikilla on menossa prosessi oppiaksemme näkemään rakkauden silmin. Ihmiset voivat sanoa, että "rakkaus on sokea", mutta vain rakkaus kykenee todella näkemään. Oikean ja väärän arvioiminen on vaikuttanut meihin kaikkiin suunnattomasti. Et voi koskaan saada myönteistä kuvaa itsestäsi hyvän ja pahan tiedon puusta. Saat sen ainoastaan elämän puusta — näkemällä itsesi niin kuin Jumala sinut todellisuudessa näkee. Monet ongelmamme johtuvat siitä, että syömme väärästä lähteestä. Alkaessamme syödä elämän puusta nuo ongelmat tulevat hoidetuiksi.

Tiedän varsin hyvin, mistä puhun, sillä Denise ja minä elimme todella pitkään syöden uskollisesti hyvän ja pahan tiedon puusta. Meillä oli suuri näky, ja palvelimme päättäväisesti Herraa, koska hän oli tehnyt paljon hyväksemme. Olimme tupsahtaneet keskelle valoa ja elämää, ja olimme innokkaita saavuttamaan jokaisen ihmisen. Olimme mukana kaikessa ja annoimme pois kaiken omaisuutemme kolmeen tai neljään kertaan. Meistä tuli eksperttejä palvelutyössä. Olipa tarve mikä hyvänsä, iso kysymyksemme oli: "Mitä Jeesus tekisi?" Jos tämä on myös sinun kysymyksesi, sinusta tulee lopulta todella kiireinen. Meille kävi niin, ja koimme vakavan loppuunpalamisen. Huomasimme, ettei tämä ollut sitä, mitä Jumala on tarkoittanut kristinuskon olevan.

Haluan sanoa tämän hyvin selvästi. Jos voit ymmärtää tämän, se vapauttaa sinut ylenmääräisestä keskittymisestä kristilliseen puuhasteluun. Se vapauttaa sinut lakihenkisestä ajattelutavasta ja odotuksista, joita sinulla on itsesi suhteen kristittynä. Uskon todella, että se voi vapauttaa sinut vain nauttimaan elämästäsi kristittynä ja suhteestasi Jumalaan. Hyvän ja pahan tiedon puun koko tarkoitus on viekoitella sinut pois yksinkertaisesta suhteestasi Isään ja sitä kautta aivan toisenlaiseen elämäntapaan, toisenlaiseen evankeliumiin, joka ei todellakaan ole hyvä uutinen. Saatana on ollut hyvin tehokas johdattaessaan meitä harhaan. Mutta todellinen vanhurskaus tarkoittaa oikeaa suhdetta Jumalaan, ei oikeaa käyttäytymistä maailmassa. Elämän puu on rakkauden yhteyttä Isämme kanssa. Rakkaus on ainoa asia, joka ei koskaan häviä. Jos syöt elämän puusta, olet luonnostasi armollinen ihmisille ja pystyt antamaan heille anteeksi. Olet kärsivällinen ja lempeä ja käyttäydyt oikein heitä kohtaan. Jos näkökulmasi on sellainen, että näet automaattisesti vikoja toisen ihmisen elämässä, syöt väärästä puusta. Jos luonnostasi näet aina vikoja omassa elämässäsi, syöt väärästä puusta. Ainoa kristillinen elämä, joka todella toimii, on se, joka kumpuaa elämän puusta.

~

Sydämen Silmien Avautuminen

Kokemamme loppuunpalamisen vuodet vaikuttivat Deniseen ja minuun suunnattoman paljon, ja toivuttuamme siitä ajasta tajusimme, että jokin oli pahasti vinossa siinä, miten ymmärsimme kristillisyyden. Olimme käyneet monissa eri maissa ja nähneet kristillisyyttä monissa eri kulttuureissa, ja kuitenkin näytti siltä, että vallitseva tyyli aikamme niin sanotussa Hengen täyttämässä kristillisyydessä on juuri se, mikä aiheutti meille loppuunpalamisen. Nykypäivän kristillisyydessä maailman toimintatapa vaikuttaa meihin vahvasti. Sovellamme Herran kanssa vaeltaessamme samoja periaatteita, jotka toimivat liike-elämässä. Menestyvän liikeyrityksen luomiseksi täytyy organisoida, painaa päälle, olla energinen ja sitoutunut, joten myös maailman evankelioinnissa on oltava vahvasti eteenpäinpyrkivä ja päämäärätietoinen. Yrittäjyyden perusperiaatteiden mukaan on oltava unelma, laadittava suunnitelma unelmaa varten ja sitten toteutettava suunnitelma. Jos tekee tarpeeksi ahkerasti töitä suunnitelmansa toteuttamiseksi, on *pakko* menestyä. Samoja motivoivia tekniikoita sovelletaan nykypäivän kristillisyydessä. Innostavat puhujat käyttävät täsmälleen samoja periaatteita ja tekevät hengellisestä elämästä bisnesprojektin. On sellaisiakin

kristillisiä saarnaajia, jotka voivat puhua liikemaailmassa innoitta-
jina, koska he esittävät siellä aivan samoja ajatuksia menestyksen
saavuttamiseksi. Toisaalta jotkut seurakunnat kutsuvat maailmasta
puhujia innoittamaan seurakuntaa opetuslapseuttamisessa. Usein
seurakunnan johtoryhmien kokouksissa keskeisinä aiheina ovat
into, sitoutuminen, suunnittelu ja menestyksen avaimet. Maailman
käsitykset ja arvot ovat soluttautumassa seurakuntaan.

Kristillisyys on turmeltunut suunnattoman paljon näillä alueilla.
Puhun näistä asioista entistä rohkeammin ja vahvemmin, koska
näen yhä selvemmin, että heti kun aletaan suunnitella Jumalan
työtä, Pyhä Henki jää ulkopuolelle! Pyhää Henkeä ei voi suunnitella,
hän ei sovi mihinkään suunnitelmaan. Saatamme laulaa erittäin
antaumuksellisesti: "Ei väellä eikä voimalla vaan minun Hengel-
läni, sanoo Herra", mutta sitten lähdemme tekemään Jumalan työtä
kaikella väellämme ja voimallamme. Seurakunnassa vallitsee suuri
harhaluulo, että kristillisyyttä voidaan ymmärtää pelkästään opiske-
lemalla ja että sitä voidaan tajuta ihmismielen avulla. Luullaan, että
Jumalan kanssa voidaan vaeltaa pyrkimällä itsehillintään ja kuri-
nalaisuuteen. Emme tajua, että Herraa ei voida tuntea eikä palvella
näiden menetelmien avulla. Hän katsoo sydämeen. Jumala etsii
sydämen suhdetta meihin, ja hän halajaa, että eläisimme sydämes-
tämme emmekä sillä tavoin kuin luulemme, että kristityn *kuuluisi*
elää. Monet ajattelevat, että olemme kyllä yhteydessä Jumalaan sydä-
mestämme, mutta hänen työtään teemme omalla yrittämisellämme.
Emme enää pysty näkemään sitä, mitä Paavali tarkoitti sanoessaan,
että Jumala vaikutti hänessä voimallisesti (Kol. 1:29, vuoden 1938
suomennos). Myös Jeesus sanoi, että ne teot, joita hän teki, eivät
olleet hänen vaan Isän, joka vaikutti hänessä (Joh. 14:10).

Ennen kuin Aadam ja Eeva söivät hyvän ja pahan tiedon puusta,
he olivat nähneet elämän erilaisin silmin. He olivat katsoneet

kaikkea sydämen silmillä. Näillä silmillä he näkivät Isä Jumalan rakkauden heitä kohtaan ja myös itsensä tuon rakkauden valossa. Keskinäisessä suhteessaan he elivät sydämensä kautta. Heidän sydämensä silmät toimivat, mutta mielen silmät, jotka arvioivat oikeaa ja väärää, hyvää ja pahaa, eivät olleet toiminnassa. He olivat sokeita tällaisille käsitteille ja arvioinneille. Syötyään hyvän ja pahan tiedon puusta he alkoivat tietää asioita samalla tavalla kuin Saatana. Saatanan luonteeseen kuuluu hyvän ja pahan arvioiminen. Se on hänen todellisuuttaan. Hän näkee kaiken hyvän ja pahan mittapuun mukaan. Hän on lakihenkisyyden perikuva.

Itse asiassa käärme sanoi: "Jumala on nyt tekemässä teille *pahaa*. Hän kieltäytyy antamasta teille *hyvää*. Hän tietää, että jos syötte tästä puusta, tulette hänen kaltaisikseen. Hän yrittää pitää teitä kiinni jossakin kielteisessä. Hän ei halua antaa teille sitä, mikä on hyvää!" Tällä tavoin Saatana kiusasi. Heti kun Aadam ja Eeva olivat syöneet puusta, heidän näkökulmansa elämään alkoi muuttua samanlaiseksi kuin Saatanan. Ne silmät, joilla käärme näki, avautuivat ihmiskunnalle. Ennen sitä heillä ei ollut käsitystä mistään muusta kuin Jumalan rakkaudesta heitä kohtaan. He tiesivät, että heitä oli kielletty syömästä hyvän ja pahan tiedon puusta, mutta se oli ainoa kielto. Kaikki oli heille täydellistä rauhaa ja iloa. Jos olisit mennyt heidän luokseen ja yrittänyt selittää turvattomuuden käsitettä, olisit voinut jatkaa sata vuotta, eivätkä he silti olisi pystyneet käsittämään sitä. Heidän ainoa kokemuksensa oli ollut, että kaikkivaltias Jumala vaelsi heidän kanssaan joka päivä ja rakasti heitä ehdottomasti ja täydellisesti. He olivat täynnä tätä rakkautta, eikä minkäänlaista kykyä tuntea pelkoa tai turvattomuutta ollut edes olemassa. Kun he söivät puun hedelmästä, heidän silmänsä avautuivat, ja he kykenivät ajattelemaan mahdollisuuksia tehdä oikein tai väärin ja valita hyvä tai paha. Siitä lähtien tämä ongelma on riivannut ihmiskuntaa, ja turvattomuudesta, pelosta ja kielteisestä minäkuvasta on tullut normi.

Oletko koskaan ajatellut, miltä tuntuisi olla fyysisesti sokea? Minä olen ajatellut sitä aika lailla. Olen hyvin visuaalinen ihminen enkä voi kuvitellakaan, millaista niiden ihmisten elämä on, jotka eivät näe. Olen tuntenut joitakuita, jotka ovat menettäneet näkönsä, ja se on ollut heille valtava sokki. Monet sanontammekin viittaavat näkemiseen. Hyvästellessämme sanomme usein: "Nähdään myöhemmin", mutta se ei koskaan ole todellinen kokemus sille, joka on sokea. Jos on sokea, ei pysty näkemään. Kun mielen silmät avautuivat, sydämen silmät sulkeutuivat. Silmät, jotka näkivät Isän rakkauden ja hänen läheisyytensä todellisena, sulkeutuivat, ja kun Aadam ja Eeva lähtivät pois Eedenin puutarhasta, muisto Isän kanssa kulkemisesta alkoi haalistua. Muutaman seuraavan sukupolven ajan tuo muisto oli kokonaan kadoksissa maailmasta. Ihmiset olivat kuulleet tästä Jumalasta, mutta kukaan ei pystynyt näkemään häntä. Kukaan ei ymmärtänyt häntä eikä tiennyt, kuka hän todella oli.

Sitten Jumala alkoi tehdä tunnusteluja ihmiskunnan puoleen. Hän lähetti profeettoja, opettajia, lainantajia ja tuomareita. Hän lähetti kuninkaita ja runoilijoita, sotureita ja Israelin äitejä. Hän lähetti heitä edustamaan häntä jollakin tavoin kansan keskuudessa, joka ei tuntenut häntä eikä pystynyt näkemään häntä. Koko maailma oli lujasti vakiintunut siihen ajatusmalliin, että elämässä on kyse oikeasta ja väärästä. Näin on vielä tänäkin päivänä. Elämämme pienimmätkin yksityiskohdat nähdään oikean ja väärän valossa. "Tuo ei ole oikean värinen paita tämän takin kanssa" tai "Tuo ei ole oikea tapa kammata hiuksiasi".

Lukiessani Raamattua eräs asia on tullut minulle entistä selvemmäksi. Syntiinlankeemuksesta lähtien Jumalan tarkoitus ihmiskunnalle on ollut se, että sydämen silmät taas avautuisivat. Kautta koko Raamatun näemme yhä uudelleen, että palvelutehtävässä on ollut kysymys sokeiden silmien avaamisesta sille todellisuudelle, kuka Jumala on. Osoittaakseni tämän haluan nostaa esiin joitakin tapauksia Jumalan toiminnasta ihmiskunnan historian eri vaiheissa. Ne ovat esimerkkejä Jumalan antamasta mandaatista sekä Vanhassa että Uudessa testamentissa.

MOOSEKSEN TEHTÄVÄ LAINANTAJANA

Viidennen Mooseksen kirjan luvussa 29, luvun alusta alkaen, kerrotaan israelilaisten lähdöstä Egyptistä ja Herran heille tekemistä suurista ihmeistä. Mooses muistuttaa heitä siitä, mitä Herra on tehnyt heille: hän jakoi Kaislameren kahtia, johdatti heidät autiomaan halki ja antoi maan heidän haltuunsa.

> *Mooses kutsui koolle kaikki israelilaiset ja sanoi heille: "Te olette itse nähneet, mitä Herra teki Egyptissä faraolle, kaikille hänen palvelijoilleen ja koko hänen maalleen. Nuo suuret koettelemukset, nuo suuret ihmeet ja tunnusteot te saitte omin silmin nähdä."*

Jakeessa 4 Mooses sanoo nämä sanat:

> *Mutta tähän päivään asti Herra ei vielä ole antanut teille sydäntä ymmärtääksenne ja silmiä nähdäksenne ja korvia kuullaksenne.* - 5. MOOS. 29:4, VUODEN 1933 SUOMENNOS

He olivat olleet todistamassa kaikkia ihmeitä ja tunnustekoja, mutta heillä ei vieläkään ollut "sydäntä ymmärtääkseen, silmiä nähdäkseen eikä korvia kuullakseen".

Hän puhuu tässä heidän kyvyttömyydestään nähdä sydämen

silmillä: he eivät voineet kunnolla nähdä eivätkä ymmärtää. Kansan sydämen silmät olivat kiinni. Mooses kykeni näkemään, koska hänen sydämensä oli erilainen. Hänen sydämensä ei ollut paatunut eivätkä hänen sydämensä silmät sokeutuneet. Tämä on erittäin tärkeä vaihe Israelin kehityksessä. Näemme tästä jaksosta, että israelilaisilla ei ollut kykyä nähdä niillä silmillä, jotka olivat sulkeutuneet. He näkivät luonnollisilla silmillään ja arvioivat, mikä on oikein ja mikä väärin.

PROFEETTA JESAJAN TOIMEKSIANTO

Jos katsomme Jesajan lukua 6, sama kysymys nousee esille. Jesaja oli luultavasti yksi merkittävimmistä profeetoista. Suuri osa hänen profetiaansa on runomuotoista, vaikka se ei suoraan käy ilmi lukemastamme käännöksestä. Jesajan kirja on poikkeuksellinen kirja, ei ainoastaan siksi, mitä siinä sanotaan, vaan myös siksi, millä tavoin se sanotaan. Jesaja sai kutsun profeetaksi. Kuudennessa luvussa luemme hänen ihmeellisestä kokemuksestaan:

Kuningas Ussian kuolinvuonna minä näin Herran: hän istui korkealla ja ylhäisellä istuimella, ja hänen vaatteensa liepeet täyttivät temppelin. Hänen yläpuolellaan seisoivat serafit, joilla oli kuusi siipeä kullakin: kahdella he peittivät kasvonsa, kahdella verhosivat ruumiinsa ja kahdella lensivät. He huusivat toinen toiselleen:

"Pyhä, pyhä, pyhä on Herra Sebaot! Hänen kirkkautensa täyttää kaiken maan." Ovenpielet vapisivat äänten voimasta, ja huone tuli täyteen savua. Ja minä sanoin:

"Voi minua, minä hukun! Minulla on saastaiset huulet, ja saastaiset huulet on kansalla, jonka keskellä elän, ja

nyt minun silmäni ovat nähneet Kuninkaan, Herran Sebaotin." Silloin yksi serafeista lensi luokseni kädessään hehkuva hiili, jonka hän oli ottanut pihdeillä uhrialttarilta. Hän kosketti sillä minun huuliani ja sanoi: "Katso, tämä on koskenut huuliasi, sinun syyllisyytesi on poissa ja syntisi sovitettu." Minä kuulin Herran äänen sanovan: "Kenet minä lähetän? Kuka lähtee sananviejäksi?" Niin minä vastasin: "Tässä olen, lähetä minut!" Hän sanoi: "Mene ja sano tälle kansalle: Kuulemalla kuulkaa älkääkä käsittäkö. Katsomalla katsokaa älkääkä ymmärtäkö. Paaduta tämän kansan sydän, sulje sen korvat, sokaise sen silmät, ettei se silmillään näkisi, ei korvillaan kuulisi eikä sydämellään ymmärtäisi, ettei se kääntyisi ja tulisi terveeksi."

Kun profeetta sai nähdä Herran, hän koki olevansa hukassa, eikä se johtunut pelkästään tilanteen vakavuudesta. Hän makasi pitkällään maassa, jokainen atomi hänen ruumiistaan oli lähes hajoamistilassa. Hän oli aivan ymmällään ja tunsi syvästi oman mitättömyytensä. Hänen tunteidensa on täytynyt heittelehtiä äärimmäisen rajusti: nähtyään ensin Jumalan kirkkaudessaan serafien ympäröimänä hän tajusi perusteellisesti oman saastaisuutensa. Hän oli nähnyt Jumalan kirkkauden *ja* sitten vajonnut alas syvyyksiin. Nyt hän ampaisi ylös korkeuksiin enkelin koskettaessa häntä hehkuvalla hiilellä. Hän tiesi, että hänen syntinsä oli otettu pois ja hänen huulensa puhdistettu. Nyt hän saattoi vilpittömästi puhua profeettana.

Heti enkelin kosketettua Jesajan huulia hän kuuli Herran kysyvän häneltä: "Kenet minä lähetän? Kuka lähtee sananviejäksi?" Jumala jäi odottamaan, että Jesaja ilmoittautuisi vapaaehtoiseksi. Herra haluaa todellakin meidän olevan mukana siinä, mitä hän tekee, mutta hän ei koskaan painosta meitä tekemään mitään. Valinta on aina meidän. Hän johdattaa meitä, hän ei pakota meitä. Jos joskus tunnet jonkun painostavan sinua sanomalla, että sinun *täytyy* tehdä jotakin, voit aivan varmasti tietää, että se ei ole Jumalasta. Jumala vetää meitä lähelleen. Jeesus sanoi: "Minun lampaani kuulevat minun ääneni ja seuraavat minua." Jos et seuraa omasta vapaasta tahdostasi, kehotus ei ole tullut Herralta.

Tässä näemme uskomattoman tapahtuman: Herra kosketti Jesajaa, ja sitten profeetta kuuli Jumalan kolminaisuuden keskustelevan keskenään. Hän kuuli Herran äänen sanovan: "Kenet minä lähetän? Kuka lähtee sananviejäksi?" Kuvittele tämän kaiken tapahtuvan Jesajalle: hän näki Herran kirkkauden täyttävän temppelin, hän näki enkelit valtaistuimen ympärillä, hänen huuliaan kosketettiin alttarin hehkuvalla hiilellä. Ja Jumala — Isä, Poika ja Pyhä Henki — antoi Jesajan kuulla heidän keskustelunsa. Jumalan kolminaisuuden persoonat sallivat tämän miehen kuulla, mitä he sanoivat toisilleen. Minusta on hauska kuvitella heidän keskustelleen tähän tapaan:

> *"Kenet me lähetämme? Onko teillä mitään ideaa?"*
> *"Hmm, kukahan se voisi olla..."*

Sitten Jesaja sanoo melkein vastahakoisesti nämä ällistyttävät sanat: *"Tässä olen."*

Ai, tosiaan, niinpä oletkin! Nähtävästi Jumala jätti asian Jesajan vapaaehtoisen valinnan varaan. Ja niin hän vastaa:

> *Tässä olen, lähetä minut. Minä lähden puhumaan sinun sanaasi.*

Nyt tulee tärkeä kohta. Tämä uskomaton kokemus, jonka Jumala soi Jesajalle, oli johdatuksena siihen tehtävään, jonka hän juuri nyt aikoi hänelle antaa. Sitten Herra puhui suoraan Jesajalle, ja se, mitä hän käski Jesajan sanoa, oli perustana profeetan koko elämälle ja palvelutyölle:

Kuulemalla kuulkaa älkääkä käsittäkö. Katsomalla katsokaa älkääkä ymmärtäkö. Paaduta tämän kansan sydän, sulje sen korvat, sokaise sen silmät, ettei se silmillään näkisi, ei korvillaan kuulisi eikä sydämellään ymmärtäisi, ettei se kääntyisi ja tulisi terveeksi.

Itse asiassa Jumala sanoo tässä: "Lähetän sinut saarnaamaan minun sanaani, mutta kun teet niin, he eivät ota sitä vastaan. He ovat jo päättäneet, että minun sanassani on kyse vain oikeasta ja väärästä, mutta lähetän sinut siitä huolimatta todistajaksi. Lähetän sinut kansan luo, joka ei kuuntele. Itse asiassa saarnasi sulkee heidän korvansa entistä *tiukemmin*."

Aikamoinen toimeksianto palvelutyöhön! Profeetan palvelutyö ei kantaisi *mitään* hedelmää. Päinvastoin: se työntäisi ihmiset entistä kauemmaksi. Tämä asettaa todellakin kyseenalaiseksi meidän käsityksemme siitä, mitä palvelutyö itse asiassa on.

Jumala lähetti profeetan saarnaamaan tätä sanaa, mutta samalla hän sanoi Jesajalle, etteivät ihmiset kuuntelisi. Heillä ei ollut näkeviä silmiä eikä kuulevia korvia. Heillä ei ollut kykyä ymmärtää. Miksi? Koska heidän sydämensä olivat paatuneet ja he olivat jumittuneet paikoilleen käyttämään toisia silmiään: *niitä silmiä, jotka arvioivat, mikä on oikein ja mikä väärin.* He kulkivat eteenpäin lainkuuliaisuuden tietä. Heillä oli jo paljon tietoa päässään, ja kun Jesaja saarnasi sydämestään heidän sydämilleen, ei syntynyt minkäänlaista vastakaikua. Jumalan sana vetoaa aina sydämeen, eikä paatunut sydän voi koskaan ottaa sitä vastaan.

Me olemme jääneet kiinni aivan samaan: kysymykseen oikeasta ja väärästä. Saatamme olla hyvin syntikeskeisiä. Tiedätkö, että Jumala ei ole vähääkään kiinnostunut synnistä? Ainoa asia, mitä hän haluaa synnin suhteen, on päästä siitä eroon. Hän ei ole sairaalloisen kiinnostunut synnin yksityiskohdista — hän ei arvioi hyviä ja pahoja syntejä. Hän haluaa hankkiutua eroon niistä kaikista. Hän ei ajattele: "Voi, sinä kauhea, kauhea ihminen — olet syntinen!" Totta kai hän tietää, että olet syntinen! Olet syntynyt Aadamista. Sinulle ei ole olemassa mitään toivoa, paitsi Jeesuksessa. Jeesus on pessyt pois meidän syntimme. Kuinka suuren osan synneistämme Jeesus on pessyt pois? Kaikki! Ei ole kyse synnistä. Ei ole kyse oikeasta ja väärästä! On kyse siitä, että silmäsi avautuisivat jollekin muulle. On kyse aivan toisen todellisuuden näkemisestä.

Kristittyinäkin silmämme ovat avoimet näkemään oikean ja väärän. Arvojärjestelmämme perustuu synnillisiin ja vanhurskaisiin tekoihin. Silmämme ovat auki hyvän tekemiseen ja vääristä teoista pidättymiseen. Kaikessa on kyse siitä, mitä *pitää* ja mitä *ei pidä* tehdä. Todellisuus on kuitenkin aivan muuta. Katsellessasi oikeaa ja väärää, pyhyyttä ja pahuutta, elämäsi kristittynä perustuu vielä väärään puuhun, hyvän ja pahan tiedon puuhun. Tuo sanonta "väärä puu" on tuonut meille todella paljon selkeyttä. Denise ja minä katsomme nykyään usein toisiimme reagoidessamme jossakin tilanteessa tietyllä tavalla ja sanomme: "Väärä puu!"

Tässä on mielenkiintoinen kysymys pohdittavaksi. Luuletko, että Jumala herää joka aamu ajatellen: "Tänään en saa tehdä syntiä"? Ei tietenkään! Hän ei *luonnostaan* tee syntiä. Mistä se johtuu? *Koska hän elää toisenlaisen periaatteen mukaan.* Hän elää rakkauden lain mukaan — *ja rakkaus ei voi tehdä syntiä.* Jumalan rakkaus ei voi tehdä minkäänlaista syntiä. Vaikka rakastava sydän ei edes kunnolla ymmärtäisi, mitä synti on, se ei sittenkään tekisi syntiä — koska rakkaus ei voi tehdä syntiä. Rakkaus tahtoo vain parasta ja tekee vain parasta sille, jota se rakastaa. Rakkaus ei voi varastaa rakastamaltaan ihmiseltä. Rakkaus ei voi valehdella rakastamalleen ihmiselle. Kun rakastat jotakuta, et halua tappaa häntä. Rakkaus täyttää lain luonnostaan ja automaattisesti. Sydämen silmät keskittyvät rakkauteen, kun taas luonnollisen mielen (lihalliset) silmät näkevät oikean ja väärän. Jesajan elämän ja palvelutyön ongelma oli juuri se, mitä Jumala oli hänelle sanonut: nämä ihmiset olivat jääneet jumiin, katsomaan asioita hyvän ja pahan tiedon silmillä, eivätkä voineet parantua.

JEESUKSEN PALVELUTYÖ

Hypätään nyt eteenpäin, Jeesuksen päiviin. Matteuksen 13. luvun jakeesta 13 eteenpäin luemme siitä, kuinka kaikki Jeesuksen saarnat ja opetukset perustuivat nekin tähän samaan kysymykseen: sydämen silmien ja korvien aktivoimiseen. Hän sanoi:

Minä puhun heille vertauksin, koska he näkevät eivätkä kuitenkaan näe ja kuulevat eivätkä kuitenkaan kuule eivätkä ymmärrä. Heissä käy toteen tämä Jesajan ennustus:

"Kuulemalla kuulkaa älkääkä käsittäkö. Katsomalla katsokaa älkääkä nähkö. Sillä paatunut on tämän kansan sydän, vain vaivoin he kuulevat korvillaan ja silmänsä he ovat ummistaneet, jotta he eivät silmillään näkisi, eivät korvillaan kuulisi eivätkä sydämellään ymmärtäisi, jotta he eivät kääntyisi enkä minä paran-

taisi heitä."

Autuaat ovat teidän silmänne, koska ne näkevät, ja korvanne, koska ne kuulevat! Totisesti: monet profeetat ja vanhurskaat ovat halunneet nähdä mitä te näette, eivätkä ole nähneet, ja kuulla mitä te kuulette, eivätkä ole kuulleet.

Tosiasia on se, että me elämme samoja päiviä kuin Jesaja ja samoja päiviä kuin Jeesus. Ihmisten sydämet ovat *edelleen* paatuneita. Ne ovat paatuneet siksi, että sydämen silmät ovat sulkeutuneet, kun taas ne silmät, jotka näkevät oikean ja väärän, ovat avoinna.

Väärän puun hedelmä ja voima ei ole pahan tietämisessä. Väärän puun salakavala voima on siinä, että se on sekä *hyvän* että pahan tiedon puu. *Joudumme harhaan siksi, että uskomme "hyvän" tiedon tulevan Jumalalta.* Kuinka kukaan voi olla hyvän tekemistä vastaan? Haluan sanoa tämän selvästi: vaikka jokin olisi "hyvää", se ei silti välttämättä ole Jumalasta! Jumalan kohdalla ei ole kyse "hyvän" valitsemisesta. Jumalan luonto on rakkaus, ja juuri siitä on kyse hänen kohdallaan. Hän etsii rakkautta — ei sitä, mikä on hyvää!

Heti kun esität kysymyksen: "Mitä Raamattu tästä sanoo?" tai "Mitä tässä olisi oikein tehdä?" tai jopa: "Mitä Jeesus tekisi?" — olet väärän puun ääressä. Jos kysymys lähtee väärästä puusta, vastauskin on mitä todennäköisimmin väärästä puusta. Joku sanoi minulle kerran syntiongelmasta seurakunnan johdossa: "Eihän tällä ole mitään tekemistä rakkauden kanssa, kysymys on totuudesta!" Se tuntui minusta järjettömältä. Kuinka jollakin kristillisyyteen liittyvällä asialla ei olisi mitään tekemistä rakkauden kanssa? *Jumala* on rakkaus! Aivan kaiken, mikä liittyy kristillisyyteen, pitää olla ilmausta rakkaudesta. Rakkaus ja totuus ovat yhtä!

Jeesus kertoi vertauksia yrittäessään avata ihmisten sydänten silmiä. Vertauksia ei ollut tarkoitus analysoida järjellä — ne voitiin ymmärtää vain sydämen tasolla. Jeesuksen palvelutyön koko tarkoitus oli saada sydämen korvat kuulemaan, sydämen silmät näkemään ja sydämet ymmärtämään. Puhuessaan ensi kertaa synagogassa (Luuk. 4:16–21) Jeesus luki profeetta Jesajan kirjasta: "Herran henki on minun ylläni, sillä hän on voidellut minut – – *julistamaan sokeille näkönsä saamista.*" En usko, että hän puhuu tässä tapauksessa ensisijaisesti fyysisesti sokeista. Uskon, että hän puhuu ennen kaikkea sydämen silmistä. Jeesuksen palvelutehtävä, jonka hän oli Isältä saanut, oli avata sydämen sokeat silmät.

Mieti tätä: miten Jeesus valitsi opetuslapsensa? He olivat niin sanotusti hylkytavaraa, kun juutalaisen uskonnollisen yhteisön kermat oli ensin kuorittu päältä rabbikoulutukseen. Kuinka Jeesus osasi valita ne kaksitoista, jotka olivat hänen läheisimpiä seuraajiaan? Jeesuksella oli Isänsä antama kyky lukea sydämiä. Hän pystyi näkemään ne, jotka Isä oli antanut hänelle. He olivat niitä, joiden sydämet olivat avoimia vastaanottamaan sitä rakkautta, jota Isä oli heille varannut. Maanpäällisen toimintansa alussa hänen "vaivoikseen" sysättiin (kuten joku saattaisi ajatella) sekalainen joukko miehiä. Siinä oli joitakin kalastajia, itsekeskeinen ja rahan perässä juokseva veronkerääjä, selootti (joka kannatti roomalaisten suistamista vallasta väkivalloin) — he olivat rupusakkia, yhteiskunnan pohjasakkaa.

Minä *rakastan* rupusakkia. Työskentelen erittäin mielelläni niiden kanssa, jotka on sivuutettu ja torjuttu. Ihmiset valitsevat yleensä ne, jotka ovat lupaavimpia ja näyttävät hyvältä paperilla. Olen todella iloinen siitä, koska silloin heidät on otettu pois tieltä. Tie on nyt selvä, jotta voidaan nähdä, ketkä ovat hylkytavaraa. Jeesus valitsi nämä hylätyt, joilla oli oikea sydän ja jotka myös todistivat sen. Useimmat päättivät elämänsä marttyyreina. Hän siirsi opetuslapsilleen vastuun ihmiskunnan pelastuksesta. Se oli suunnaton vastuu. Jeesus kantoi vastuun ihmiskunnan pelastuksesta, ja kun hän nousi kuolleista ja meni takaisin taivaaseen, vastuu siirtyi näille kahdelletoista. Ellei hän olisi luottanut siihen, että he pystyisivät tähän Pyhän Hengen voimassa, mitä toivoa kenelläkään meistä olisi ollut? Mutta hän oli valinnut miehiä, joilla oli hyvä sydän ja joiden sydämen silmät olivat avautuneet. He eivät keskittyneet siihen, mikä on oikein ja väärin, vaan heistä tuli Jumalan rakkauden kanavia.

Meidän tulee ymmärtää, että evankeliumissa on kyse Jumalan rakkaudesta. Siinä ei ole kyse vanhurskaudesta. Rakkaus on aina ja poikkeuksetta vanhurskas. Vanhurskaus on lopputulos, ei ydin. Rakkaus on vaikea asia tämän päivän seurakunnassa. Niin yksilöiden, johtajien kuin kirkkokuntienkin on vaikea rakastaa toisiaan. Monet vanhemmat johtajat eivät luota nuoriin, nouseviin johtajiin. Nuorten ja nousevien johtajien on vaikea luottaa vanhempiin. Miksi rakkaus on meille näin vaikea asia? Koska emme ole kokeneet sitä. Sen sijaan silmämme ovat avoimet oikealle ja väärälle, ja elämämme kristittyinä on perustunut sen arvioimiseen. Kaikkien "kristillisten" ristiriitojen pohjana ja pontimena ovat näkemykset siitä, mikä on oikein ja väärin, hyvää ja pahaa. Mikä tahansa tällaisesta näkökulmasta tehty päätös on heikko ja virheellinen, koska se perustuu järkeen, joka ei kykene rakastamaan.

On olemassa paljon helpompi tie: olla täynnä Isän rakkautta, kunnes tämä rakkaus kuvastaa koko elämäämme. Kun olet täynnä Isän rakkautta, huomaat mielenkiintoisen asian. Huomaat, ettet ole enää kiinnostunut synnistä. Et myöskään ole kiinnostunut selvittämään, mikä on oikein ja mikä väärin. Haluat vain rakastaa — ja saat huomata, ettei rakkaus voi tehdä syntiä. Jumalan rakkaus ei voi tehdä syntiä. Inhimillinen rakkaus voi tehdä syntiä, mutta Jumalan rakkaus ei voi. Jumalan rakkaus on hänen luonteensa ydin. Ainoa keino rakastaa hänen rakkaudellaan on olla täynnä sitä. Jos sydämesi silmät voivat aueta apposen auki, saat kokea, että hän rakastaa sinua juuri nyt sellaisella tavalla, jota et ole koskaan ennen kokenut. Hänen rakkautensa sinua kohtaan ei muutu, mutta kokemuksesi siitä muuttuu, koska kykenet ottamaan sitä vastaan sydämeesi. Jumalan rakkaus tulee aina ja ainoastaan sydämeen.

PAAVALIN TOIMEKSIANTO

Näemme tämän jumalallisen toimeksiannon sokeiden silmien avaamiseksi jatkuvan apostoli Paavalin palvelutyössä. Paavali on luultavasti Uuden testamentin merkittävin kirjoittaja. Minä ajattelen, että Paavali saattaa olla meille jossakin määrin tärkeämpi kuin Jeesuksen kaksitoista opetuslasta, koska hän (aivan kuten me) ei ollut nähnyt Jeesusta kasvoista kasvoihin. Hän ei ollut kirjaimellisesti eikä fyysisesti Jeesuksen opetuslapsi, joten hänestä tuli kristitty samalla tavoin kuin sinusta ja minusta. Sokeutumista Damaskoksen tiellä ei ehkä voida sanoa aivan normaaliksi, mutta totuus on, että Paavalista tuli uskova, kun hän kohtasi ylösnousseen Jeesuksen. Tuon kohtaamisen aikana Paavali sai toimeksiannon palvelutyöhön.

Jos katsomme Apostolien tekoja 26:12–18, näemme yksityiskohtaisemmin, mitä tapahtui Damaskoksen tiellä. Tässä Paavali todistaa kuningas Agrippan edessä:

Näissä asioissa minä lähdin matkalle Damaskokseen. Olin saanut siihen ylipapeilta suostumuksen ja valtuudet. Mutta silloin, kuningas, minä matkaa tehdessäni puolenpäivän aikaan näin, miten taivaasta leimahti aurin-

*koakin kirkkaampi valo minun ja matkatovereideni ympärille. Me kaikki kaaduimme maahan, ja minä kuulin äänen sanovan heprean kielellä: "Saul, Saul, miksi vainoat minua? Paha sinun on potkia pistintä vastaan." Minä kysyin: "Herra, kuka sinä olet?" Herra sanoi: "Minä olen Jeesus, jota sinä vainoat. Nouse jaloillesi. Minä olen ilmestynyt sinulle, koska olen valinnut sinut palvelijakseni ja todistajakseni, kertomaan siitä, mitä nyt olet nähnyt ja mitä vielä olet näkevä, kun sinulle ilmestyn. Minä pelastan sinut oman kansasi käsistä ja varjelen sinua, kun lähetän sinut pakanoiden pariin **avaamaan heidän silmänsä ja saattamaan heidät pimeydestä valoon ja Saatanan vallasta Jumalan luo**. He saavat syntinsä anteeksi, kun uskovat minuun, ja heillä on oleva paikkansa niiden joukossa, jotka Jumala on pyhittänyt."*

Näemme tässä selvästi, että Paavalilla oli *sama tehtävä* kuin Mooseksella, Jesajalla ja Jeesuksella. Hänen palvelutehtävänsä oli sydämen silmien avaaminen, niin että ihmiset voisivat käsittää totuuden. Tässä jaksossa sanotaan, että jos sydämen silmät eivät ole auki ja jos näemme vain mielemme silmin, kuljemme edelleen Saatanan teillä. Toisin sanoen niiden silmien mukaan eläminen, jotka näkevät oikean ja väärän, on Saatanan tapa elää.

Apostolien tekojen luvussa 28 sanotaan jälleen sama asia. Paavali oli saarnannut näille ihmisille Jeesuksesta vedoten Mooseksen lakiin ja profeettoihin (jae 23). Hän oli puhunut heille aamuvarhaisesta iltamyöhään, mutta he eivät pitäneet Paavalin puheista. Jakeista 25–27 luemme:

He eivät päässeet keskenään yhteisymmärrykseen, ja

heidän lähtiessään Paavali sanoi ainoastaan nämä sanat: "Oikein on Pyhä Henki profeetta Jesajan suulla puhunut teidän isistänne:

— Mene tämän kansan luo ja sano: Kuulemalla kuulkaa älkääkä käsittäkö. Katsomalla katsokaa älkääkä nähkö. Sillä paatunut on tämän kansan sydän, vain vaivoin he kuulevat korvillaan ja silmänsä he ovat ummistaneet, jotta he eivät silmillään näkisi, eivät korvillaan kuulisi eivätkä sydämellään ymmärtäisi, jotta he eivät kääntyisi enkä minä parantaisi heitä."

Paavali siteeraa suoraan Jesajan kirjan kuudetta lukua. Näemme tästä, että Paavalin saarnassa on viime kädessä kysymys aivan samasta asiasta. Mooseksesta Jesajaan, Jesajasta Jeesukseen ja siitä edelleen Paavaliin — kaikessa palvelutyössä on kyse sydämen silmien avaamisesta. Ei ole kyse sääntöjen ja periaatteiden opettamisesta, vaan päämääränä on avata sokeutuneet silmät — sydämen silmät. Silloin kun sydämesi silmät avautuvat, käännyt pois hyvän ja pahan tietämisestä Jumalan itsensä luo.

Muista, mikä on hyvän ja pahan tiedon alkuperä. Se on lähtöisin Saatanan turmeltuneesta viisaudesta, joka pyrki *tulemaan Jumalan kaltaiseksi.* Korostin tätä edellisessä luvussa katsoessamme Hesekielin kirjan lukua 28. Saatana toimi turmeltuneen viisautensa varassa, ja se voidaan pelkistää siihen, että valitaan oikea ja pidättäydytään väärästä. Sen vuoksi olen sanonut, että samoin kuin elämän puu on Jumalan luonnon ilmentymä, hyvän ja pahan tiedon puu on Saatanan luonnon ilmentymä.

Väärinkäsitysten välttämiseksi tahdon sanoa jotakin hyvin selvästi. On ilman muuta väärin tehdä sellaisia asioita kuin nopeusrajoituksien rikkominen, murhasta puhumattakaan. Siitä ei ole epäilystäkään. Elämään kuuluvissa käytännön asioissa meidän on usein tehtävä valintoja oikean ja väärän välillä. Onko oikein vai väärin kävellä linja-auton eteen? Tietysti väärin! Jos olet lääkäri tai sairaanhoitaja, sinun on osattava toimia oikein. Minä ainakin haluan olla sellaisten lääkärien hoidossa, jotka osaavat tehdä lääketieteellisesti oikeita asioita. On olemassa asioita, joiden tiedät aivan selvästi olevan väärin. Mutta kun puhumme *suhteestamme Jumalaan ja vaelluksestamme hänen kanssaan*, oikealla ja väärällä ei ole *mitään* tekemistä sen kanssa. Siinä on kyse henkilökohtaisesta vaelluksestasi läheisessä yhteydessä Jumalaan, ja palvelutyö kumpuaa siitä. Et saa rauhaa tekemällä oikeita asioita kristittynä. Saat rauhan unohtamalla sen, mikä on oikein ja mikä väärin, ja heittäytymällä hänen rakkautensa varaan. Upotessasi hänen rakkauteensa tulet täyteen sitä etkä pysty tekemään mitään muuta kuin rakastamaan — *ja rakkaus ei voi tehdä syntiä.*

Ainoa keino rakastaa Jumalan rakkaudella on tulla täyteen hänen rakkauttaan. Jeesus kuoli ristillä, jotta me voisimme tulla rohkeasti armon istuimen eteen, hypätä maailmankaikkeuden Luojan syliin ja löytää täyden hyväksynnän hänen käsivarsillaan. Kun Paavali puhuu vapautumisesta Saatanan vallasta ja tulemisesta Jumalan luo, se merkitsee kääntymistä pimeydestä valoon. Minulle tämä on varsin tärkeää. Yrittäessäsi elää oikean ja väärän mukaan huomaat erään asian. Mitä pitempään elät, sitä pitemmäksi käy lista oikeista ja vääristä asioista. Sille ei tule loppua. Se aiheuttaa jatkuvaa syyllisyydentunnetta. Vaikka tulisit kuinka hyväksi, koko ajan putkahtaa esiin uusia asioita, joista et ollut tiennyt tai joita et ole vielä tehnyt. Syyllisyydentunne on merkittävä ongelma aikamme kristityillä — tunne siitä, ettei yllä vaaditulle tasolle. Tunnemme itsemme liian huonoiksi etsiäksemme Jumalalta vastauksia elämäämme, ja niin tungeksimme konferensseihin saadaksemme henkilökohtaisia profetioita. Todellisuudessa kukaan ei ole sen lähempänä Jumalaa kuin sinä. Hän asuu sydämessäsi.

PALVELUTYÖN TARKOITUS

Juuri tähän koko palvelutyö voidaan kiteyttää. Kuten olen osoittanut näistä raamatunkohdista, palvelutyö on kaikkina aikoina Eedenin puutarhasta lähtien tähdännyt siihen, että sydämemme silmät valaistuisivat. Jumalan näkökulmasta evankeliumin ainoa tarkoitus on ihmisten sydänten silmien avautuminen, niin että voisimme tuntea hänet. Jumalan sydämellä on, että jokainen evankeliumin palvelija ottaisi tehtäväkseen avata sokeutuneita silmiä — sydämen silmiä. Saarnaajana olen vahvasti tietoinen siitä, että tämä on Jumalan minulle antama tehtävä: avata sokeita silmiä, jotta sydämen silmät alkaisivat toimia. Kun sydämesi herää eloon, sinulle tulee ymmärrystä. En ollut koskaan tajunnut, että se paikka, jossa otetaan vastaan ilmestystä, on rakkauden paikka. Mutta kun tätä ajattelee tarkemmin, se on aivan ilmiselvää. Jos haluat saada jotakin Jumalalta, niin mitä lähempänä olet rakkautta, sitä enemmän sitä koet. Miksi? Koska Jumala *on* rakkaus. Ollessasi sopusoinnussa sen kanssa sinulla on korvat kuulla. Hän puhuu sydämestään ja ilmoittaa itsensä sydämen silmille. Ymmärtäminen on paljon korkeampaa kuin tietäminen. Tieto on ymmärtämisen sivutuote, ja rakkaus antaa ymmärrystä.

Mitä avoimemmaksi sydämesi tulee, sitä enemmän Jumalasta näet, sitä enemmän kuulet ja sitä enemmän parannut. Olemme rukoilleet monia vuosia ihmisten parantumisen puolesta ja nähneet uskomattomia tunne-elämän parantumisia. Nyt haluan tuoda ihmiset siihen virtaan, jossa parantumista tapahtuu kaiken aikaa. Nälkäiselle voi antaa kalan tai hänet voi opettaa kalastamaan. Kumpi on parempi tapa? En nykyään keskity kovin paljon rukoilemaan henkilön parantumisen puolesta, koska haluan kertoa ihmisille, kuinka he itse pääsevät Isän rakkauden virtaan. Kun ihmisen sydän on avautunut *Isän rakkaudelle*, parantuminen jatkuu koko hänen elämänsä ajan.

En halua panna toivoani mihinkään muuhun kuin siihen, että nautin vaelluksestani Isäni kanssa. Jos lakkaat nauttimasta tästä intiimistä suhteesta, sydämesi alkaa jälleen sulkeutua. Alat keskittyä tavoitteisiin, unelmiin, tuottavuuteen, päämääriin ja strategioihin. Silloin sydämesi silmät alkavat sulkeutua. Joku on sanonut näin: "Keskityin niin vahvasti näkyyni, että menetin näköni." Voimme saada näyn Jumalalta ja keskittyä siihen niin vahvasti, että menetämme kyvyn nähdä hengellisillä silmillämme. Nauti henkilökohtaisesta matkastasi Isän kanssa. Nauti hänen rakkaudestaan sinua kohtaan. Nauti suuresti siitä, että hän rakastaa sinua juuri nyt. Kun teet niin, sydämesi silmät ja korvat avautuvat yhä enemmän. Ymmärryksesi ja näkemyksesi Jumalasta elämässäsi kasvaa. Kun juttelet toisten kanssa ja hän rakastaa sinua juuri silloin, toisetkin kokevat sen rakkauden. Avaa jutellessasi sydämesi hänen rakkaudelleen, niin tuo käsinkosketeltava rakkauden todellisuus virtaa kauttasi niihin, jotka kuuntelevat sinua. Sanomme sitä "voiteluksi", mutta se on oikeastaan vain sitä, että Jumala on se joka on — sinun kauttasi.

Kirjoitan antaakseni sinulle toivoa. Älä masennu, jos huomaat vielä käyttäväsi mielen silmiä. On normaalia, että katselemme väärillä silmillä. On normaalia, että sydämemme silmät ovat sokeutuneet eivätkä toimi. Olen tuonut tätä esiin osoittaakseni, että ne silmät, jotka näkevät oikean ja väärän, eivät todellisuudessa päde kristillisyydessä. Jos voimme ymmärtää, että se jumiuttaa meidät väärään evankeliumiin, sydämen silmät voivat vahvistua ja avautua näkemään totuuden.

Saatat ihmetellä, ovatko sydämesi silmät auki. Mistä tiedät sen? Sinun tarvitsee vain esittää itsellesi yksi kysymys: Pidätkö siitä, mitä juuri nyt olet lukenut? Herättävätkö kirjoittamani asiat sinussa vastakaikua? Jos nimittäin pidät tästä, on kyse siitä, että sydämesi pitää siitä. Sydämesi silmät ovat avoimina nauttimaan tästä totuudesta. Älä välitä siitä, *kuinka* avoimet silmäsi ovat. Ymmärrä vain se, että Jumala avaa niitä yhä enemmän ja jatkaa sitä koko ajan. Mitä enemmän hän avaa sydämesi silmiä, sitä enemmän kykenet uskomaan ja vastaanottamaan Isän rakkautta. Jos sitä vastoin virittäydymme sen mukaan, mikä on oikein ja mikä väärin, Isän rakkaus estyy tulemasta sydämiimme. Se estyy siksi, että pystymme näkemään vain oman arvottomuutemme ja sen, mitä meidän pitäisi tehdä korjataksemme asian. Silloin rakkauden virta tukkeutuu. Tosiasiassa Jumala rakastaa sinua, koska se on *hänen* luontonsa, eikä se tapahdu sinun ansioittesi vuoksi. Hän rakastaa sinua, koska hän *on* rakkaus. Hän rakastaa sinua, koska hän on luonut sinut. Hän ei voi olla rakastamatta sinua. Ainoa tie Jumalan iankaikkiseen rakkauteen kulkee Jeesuksen kautta, mutta hän rakastaa sinua, vaikka et olisi vielä tullut. Jumala on rakastanut maailmaa niin paljon, että hän antoi sen puolesta oman Poikansa.

Tämä on ilmestys, joka valloittaa sydämesi kokonaan, etkä heikkoina hetkinäsi voi kieltää sitä todellisuutta, jonka olet jo nähnyt. Näkemyksesi Jumalasta muuttuu ilmestyksen kautta. Voit kieltää sen, mitä olet älyllisesti oppinut, mutta et voi kieltää sitä, minkä olet nähnyt ilmestyksen kautta. Ilmestys on sydämen silmien avautumista näkemään niin kuin Jumala näkee. Ilmestys antaa ihmiselle kyvyn nähdä, kuka Jumala todella on ja mitä hänen kanssaan kulkeminen tarkoittaa.

~

Kolmas Laki

Kirjan ensimmäisessä osassa olemme tähän mennessä tarkastelleet sitä valtavaa ajattelutavan muutosta, joka on tapahtunut vaelluksessamme Jumalan kanssa. Sen oivaltaminen, että olemme eläneet väärästä puusta ja että sydämemme silmien on avauduttava ymmärtääksemme, kuka Jumala todella on, luo todellisen perustan kristillisyydellemme. Ilmestys Isän rakkaudesta on uusi perusta verrattuna vanhaan, joka perustui tietoon hyvästä ja pahasta. Itse asiassa se on uusi vain siksi, että silmämme ovat olleet sokeat. Elämän puu on todellinen perusta elämällemme Jumalan kanssa. Sydämen silmien avautuminen on ainoa keino oppia tuntemaan hänet, koska hänet voidaan tuntea vain ilmestyksen kautta. Tässä luvussa kirjoitan vielä yhdestä hiljattain näkemästäni asiasta, joka on merkittävästi muuttanut ajattelutapaani.

MITÄ EVANKELIUMI TODELLA ON

Saatuani ilmestyksen Isän rakkaudesta ja alettuani elää pojan elämää tunnen ensimmäistä kertaa elämässäni ymmärtäväni, mitä evankeliumi todellisuudessa on. Jos on ollut kristitty yhtä pitkään kuin minä, luulisi että on jonkinlainen käsitys siitä, mutta minulla ei todellakaan ollut. Vasta nyt alan ymmärtää sitä. Mahtavatko monetkaan tunnustavat kristityt todella ymmärtää, mitä evankeliumi on? Kristuksen ruumis on täynnä hyvin vilpittömiä ihmisiä. Monet eri puolilla maailmaa tapaamamme uskovat — heidän elämänsä, heidän sydämensä ja heidän työnsä — ovat tehneet meihin valtavan vaikutuksen. Olemme aina mykistyneitä hämmästyksestä tavatessamme tällaisia ihmisiä. Rakastamme todella Kristuksen ruumista. Tästä huolimatta tunnen, että monet elävät kristityn elämää tajuamatta kunnolla, mitä se oikeastaan on. Vuosia sitten Denise ja minä puhuimme nuorisotyöntekijöiden ryhmälle Fidzisaarilla. Kokous pidettiin olkikattoisessa majassa, jossa ei ollut lainkaan seiniä. Katto lepäsi puisten paalujen varassa. Puhujana pystyn huomaamaan, tajuavatko ihmiset, mitä sanon. Näen heidän silmistään, pääsenkö läpi vai en. Puhuessani olin hämmästynyt siitä, kuinka vähän kuulijani oikeastaan tiesivät. Useimmat eivät osanneet lukea eivätkä kirjoittaa, joten yritin käyttää mahdollisimman yksinkertaisia sanoja. Suurin osa heistä ei ollut aikaisemmin kuullut tällaista opetusta. Muistan sanoneeni Deniselle, että oli ihme, kuinka palavahenkisiä he olivat, vaikka ymmärsivät niin vähän. Minua ihmetytti silloin, mikä sai heidät niin palaviksi, ottaen huomioon heidän vähäisen tietonsa. Nyt ymmärrän, että he olivat palavia, koska olivat kokeneet Jumalan todellisena.

Kaksikymmentä viime vuotta olen tuntenut seisovani ilmestyksen virrassa. En täysin tiedä, mihin tämä on menossa ja mihin se päättyy, mutta ihmeellistä ja erikoista se on. Osa tästä ilmestyksestä on hätkähdyttävää, ja nykypäivän kristillisyys joutuu kamppailemaan sen kanssa. Tämän takia olemme kulkeneet yksinäistä tietä. Saadessamme ilmestystä jostakin asiasta se käynnistää paljon muita asioita Raamatussa. On kuin panisi yhden palasen paikoilleen palapeliin ja yhtäkkiä näkisi, mihin kymmenen muuta palasta sopivat. Se on jännittävä mutta myös yksinäinen tie.

Joskus joutuu painiskelemaan vuosikausia jonkin asian kanssa, jonka lukee Raamatusta. Jokin lause tai käsite ei vain aukea. Minä olin kamppaillut tietyn raamatunkohdan kanssa koko uskonelämäni ajan (ja olen ollut kristitty yli neljäkymmentä vuotta), ja vasta äskettäin käsitin, mitä se tarkoitti. Se ei tullut minulle minään välähdyksen omaisena ilmestyksenä, vaan oli pikemmin oivallus siitä, mitä evankeliumi todellisuudessa on. Kun se alkoi valjeta minulle, se ravisteli minua toden teolla.

Tarkoittamani raamatunkohta on Roomalaiskirjeen seitsemäs luku. Lukiessani tätä Roomalaiskirjeen lukua ja jatkaessani edelleen kahdeksanteen lukuun sain ilmestyksen siitä, mistä siinä puhutaan, ja minusta tuntui kuin ympyrä olisi sulkeutunut vaelluksessani Herran kanssa. Sain uskomattoman paljon ilmestystä hyvin yksinkertaisesta ja perustavanlaatuisesta asiasta. Otan aina riskin kertoessani ilmestyksestä muille, koska ihmiset eivät aina käsitä, mitä yritän heille välittää. Ilmestystä ei voi antaa kenellekään väkisin. Ihmiset voivat ottaa vastaan ainoastaan seuraavan askeleen. Ymmärryksen kehittyminen tarvitsee ilmestyksen antamaa perustaa, jota on rakennettu pitemmän ajan kuluessa, jotta voisi ymmärtää suuremman ilmestyksen. On mahdollista kuulla tai nähdä ainoastaan sitä, mitä on valmis kuulemaan tai näkemään. Kun tämä tapahtui minulle, tunsin ensimmäistä kertaa alkavani ymmärtää Paavalia. Samastun enemmän muihin kuin Paavaliin, mutta tällä alueella tunnen alkaneeni ymmärtää hänen näkökulmaansa. Tämä on hyvin mielenkiintoista. Jotta pääsemme alkuun, palatkaamme Vanhan testamentin profeetta Hesekieliin.

HESEKIELIN PROFETIA

Hesekielin kirjassa on profetia, joka sai katseeni kääntymään toiseen suuntaan. Vanhan testamentin profeetat alkoivat profetoida uudesta liitosta, jonka Jumala antaisi maailmalle. Hän oli valinnut Abrahamista polveutuvan kansan olemaan hänen todistajansa kaikille maailman kansoille. Näin toteutuisi Abrahamille annettu lupaus, että hänessä kaikki kansat tulevat siunatuiksi. Laki annettiin Mooseksen kautta Siinainvuorella, mutta lakia ei koskaan pystyttäisi täyttämään. Laki oli olemassa sen osoittamiseksi, että on täysin mahdotonta noudattaa sitä! Mutta profeetat ennustivat uudesta päivästä, joka oli tulossa. He näkivät edeltä Jeesuksen tulemisen. Tämä Hesekielin kohta (36:22–28) on tärkeimpiä esimerkkejä tämän uuden päivän ennustuksista:

Sen tähden sano Israelin kansalle: Näin sanoo Herra Jumala: En minä teidän tähtenne, israelilaiset, tee sitä minkä teen. Minä teen sen pyhän nimeni tähden, jonka te olette tahranneet, minkä kansojen keskelle olettekin joutuneet. Minä osoitan, miten pyhä on suuri nimeni, vaikka se on tahrattu kansojen keskuudessa — te olette tahranneet sen kansojen keskellä. Kansat tulevat tietämään, että minä olen Herra — näin sanoo Herra Jumala — kun minä siinä, mitä teille teen, osoitan pyhyyteni niiden nähden. Minä otan teidät vieraiden kansojen keskeltä, minä kokoan teidät kaikista maista ja tuon teidät omaan maahanne. Minä vihmon teidän päällenne puhdasta vettä, niin että te puhdistutte, minä puhdistan teidät kaikesta saastastanne ja epäjumalienne kaikesta iljettävyydestä. Minä annan teille uuden sydämen ja teidän sisimpäänne uuden hengen. Minä otan teidän rinnastanne kivisydämen pois ja annan tilalle elävän sydämen. Minä annan henkeni teidän sisimpäänne ja ohjaan teidät seuraamaan säädöksiäni, ottamaan varteen minun käskyni ja elämään niiden mukaan. Te saatte asua maassa, jonka minä olen

*isillenne antanut, te olette minun kansani ja minä olen
teidän Jumalanne.*

Tässä voimme jälleen nähdä sen totuuden, että meidän on kristittyinä vaellettava rakkaudessa eikä sen mukaan, mikä on oikein tai väärin, eikä yrittää arvioida itseämme tai toisia oikean ja väärän mukaan. Kun mies ja hänen vaimonsa katsoivat hyvän ja pahan tiedon puuta paratiisissa, he näkivät, että siitä oli hyvä syödä. Se *näyttää* hyvin houkuttelevalta tavalta elää. Kaiken lisäksi ne ihmiset, jotka elävät tästä puusta, näyttävät erittäin hyviltä. Näemme heidät esimerkillisinä kristittyinä, koska arvioimme heitä sillä perusteella, että he tekevät kaiken oikein. Tämän puun hedelmä näyttää hyvältä syödä, se näyttää puoleensavetävältä, ja myös ne, jotka syövät siitä, näyttävät puoleensavetäviltä. Näyttää siltä, että se tekee sinusta viisaan. Näytät sellaiselta, joka tietää kaikki oikeat asiat. Näyttää todella siltä, että sinusta tulee viisas, jos kuljet tätä tietä. Siinä on kuitenkin se ansa, että olet aina rajoittunut siihen, mitä *sinä* pidät oikeana ja mitä pyhyys tarkoittaa *sinun rajoittuneesta näkökulmastasi* katsottuna. Se ei ulotu omaa kokemustasi pitemmälle. Kristillisyyttä sen sijaan mitataan rakkauden mittapuulla.

Hesekiel 36:26–27 sisältää lyhyen kuvauksen siitä, mitä uusi liitto saa aikaan, kun Jumala sen vahvistaa. Tämä on juuri sitä, mihin elämä Jumalan rakkaudessa sinut johtaa. Vanhaan liittoon verrattuna Jumala on tekevä aivan uudenlaisen liiton.

Luvun 36 jakeessa 26 näemme kuvauksen tästä uudesta liitosta:

*Minä annan teille uuden sydämen ja teidän sisimpäänne
uuden hengen. Minä otan teidän rinnastanne kivisydämen pois ja annan tilalle elävän sydämen.*

On tarpeen tietää, että Raamatussa käytetään sanaa "uusi" usein vaihdellen sanan "uudistettu" kanssa.[1]

Kun Jumala sanoo: "Minä annan teille *uuden* sydämen ja teidän sisimpäänne *uuden* hengen", se on *lunastuksesta* puhuva lause. Hän puhuu ihmisen hengestä, joka *uudistuu.* "Kivisydän" on sama sydän, jota Jeremia 17:9 kuvaa "pahaksi ja parantumattomaksi". Kun Jumala antaa sinulle uuden sydämen, se on hyvä sydän — ei enää kivisydän vaan elävä sydän. Siitä johtuu, että täyttyessämme Jumalan Hengellä sydämemme alkaa haluta Jumalan asioita. Silloin voimme olla Jumalan Hengen johdatuksessa — sydämessämme. Jumala antaa meille sydämemme halut, joiden mukaan voimme alkaa vaeltaa. Hän uudistaa sydämemme ja oman, inhimillisen henkemme. Sitten hän lupaa antaa Henkensä meidän sisimpäämme. Tässä tulee sana, joka teki minuun valtavan vaikutuksen:

Henkeni minä annan teidän sisimpäänne ja VAIKUTAN sen, että te vaellatte minun käskyjeni mukaan, nou-datatte minun oikeuksiani ja pidätte ne. - HES 36:27, VUODEN 1933 SUOMENNOS

Kun elämme kristittyinä hyvän ja pahan tiedon puusta, se ei oikeastaan ole kristityn elämää. Se on vanhatestamentillinen elä-mäntapa, jossa noudatetaan lakeja, siitä huolimatta että elämme tällä tavoin pelastumisemme *jälkeen.* Kutsun sitä "vanhan liiton kristillisyydeksi". Sen seurauksena menetämme pelastuksen voiman ja sen, mitä evankeliumi todellisuudessa on. Tehdessämme sitä, mikä on hyvää, ja pidättyessämme siitä, mikä on pahaa, me *itse saamme* itsemme tekemään niin. Joko Jumala vaikuttaa meissä sen, että vaellamme hänen teitään, tai me itse teemme sen — ja ainoastaan Jumala voi sen todella saada aikaan. Hänen tiensä meille

---

1. *Tässä käytetty heprean sana on chadash tai chadashah (feminiini), jolla on merkitys 'uudistaa' tai 'tehdä tuoreeksi'.*

kristittyinä on se, että hän vaikuttaa meissä "sekä tahtomisen että tekemisen" (Fil. 2:13, vuoden 1938 suomennos). Ei ole oikeastaan muuta vaihtoehtoa hänen käskyjensä pitämiseksi kuin se, että hän vaikuttaa meissä tekemisen. Kun olemme riippumattomia Jumalasta, vastuu tekemisestä on *meillä*. Meidän on tehtävä oikeat päätökset. Kristillisen elämämme vaikuttimena on oma kykymme olla päättäväisiä ja kurinalaisia ja saada itse aikaan omat tekomme.

Herran lupaus Hesekielin kautta oli se, että hän *vaikuttaisi* sen meissä — siinä on uuden liiton ydin. Hän sanoo: "Minä muutan vaikuttimenne ja saan aikaan teissä sen, että teette niitä asioita, joista minä iloitsen." Kun kuulen tämän lupauksen, voin vastata siihen vain huudahtamalla: "Haluan saada sen!" — jos kerran Jumala voi muuttaa minut niin, että kiusauksen kohdatessa sitä eivät vastustakaan minun yritykseni tai itsekurini, vaan Jumala jollakin tavoin *vaikuttaa* minussa sen, että teen oikein. Hän vaikuttaa sen, että teen kuten hänkin tekisi. Sitä minä haluan!

Vuosia sitten sanoin Herralle: "Ei ole väliä, mitä se vaatii. En välitä siitä, kuinka tuskallista se on. Voisitko vain leikata minusta pois kaiken, mikä estää minua olemasta niin kuin Jeesus? Tee minusta pikapikaa sellainen kuin Jeesus. En välitä, vaikka se tekisi kuinka kipeää!" No, mitään ei oikeastaan tapahtunut vastauksena tähän rukoukseen. En ymmärtänyt tätä uuden liiton todellisuutta: hän *vaikuttaa* minussa, niin että teen sitä, mitä hän tekisi. En tajunnut, että evankeliumin todellinen lupaus oli tämä: Jumala tekisi kaiken!

Paavalin puhe Roomalaiskirjeessä

Tämä vie minut takaisin Roomalaiskirjeen seitsemänteen lukuun, jota olen todella rakastanut. Neljä ensimmäistä jaetta olivat minulle selviä. Niissä Paavali selittää, kuinka olemme päässeet vapaiksi vanhan liiton vaatimuksista voidaksemme astua uuteen liittoon suhteessamme Jumalan kanssa. Jumalan silmissä vanha liitto oli kuin avioliitto, jota ei voitu purkaa. Tiedän, että avioero on nykyään yleinen eikä avioliitolla tunnu enää olevan entisenlaista merkitystä kulttuurissamme, mutta Paavalin käyttämä kielikuva on tarkoitettu korostamaan vanhan liiton pysyvyyttä.

Jumalan tekemä liitto Israelin kanssa oli peräisin Abrahamin ajalta. Tehdessään liiton Israelin kanssa Jumala katsoi sen olevan avioliitto. Se oli sitoumus, joka kestäisi molempien osapuolten koko elinajan. Tämä on nähtävissä koko Vanhassa testamentissa, erityisesti Hoosean kirjassa. Jumala käski profeetan mennä naimisiin prostituoidun kanssa. Kun vaimo olisi uskoton (kuten hän olikin), Hoosea saisi tietää, miltä Jumalasta tuntui, kun Israel oli uskoton hänelle. Jumala vertasi suhdettaan omaan kansaansa avioliittoon.

Paavali sanoo Roomalaiskirjeen seitsemännessä luvussa, että avioliitto on sitova, kunnes toinen osapuoli kuolee. Ei ole mahdollista, että liitto purkautuisi ennen kuin ”kuolema meidät erottaa”. Liitto jatkuisi purkautumattomana niin kauan kuin olisi israelilaisia. Liitto annettiin Abrahamille ja hänen lastensa lapsille. Paavali sanoo kuitenkin, että Vanhan testamentin liitolla ei ole enää otetta meistä. Saatat ihmetellä, kuinka liitto on purkautunut. Voin kertoa, millä tavalla Jumala pääsi pois tästä liitosta: *hän kuoli*. Liitto oli voimassa niin kauan kuin kumpikin osapuoli oli elossa, mutta kun Jeesus kuoli ristillä, liitto päättyi.

Vanhan testamentin olemus pähkinänkuoressa oli tämä: ”Tehkää, mitä sanon, pitäkää Mooseksen laki ja kymmenen käskyä, niin siunaan teitä.” Jos siis elämme kristittyinä hyvän ja pahan tiedon puusta, elämme edelleen ikään kuin olisimme vanhan liiton alaisia.

Elämme yhä ehdollisessa sopimuksessa. Siunaus on taattu vain, jos teemme oikeita asioita. Olen nähnyt monen kristityn kodin seinällä lainauksen Joosuan kirjasta: "Valitkaa tänä päivänä, ketä tahdotte palvella. Minä ja minun perheeni palvelemme Herraa." Toisin sanoen: "Jos valitsette oikein, minä siunaan teitä." Tämä on vanhatestamentillista ajattelua. Tämä *ei* kuulu uuteen liittoon.

Uuden liiton olemus on tämä: "Minä laitan Henkeni teihin ja VAIKUTAN sen, että vaellatte minun teitäni." Tämä on selvä vastakohta vanhalle liitolle, joka sanoo: "Nämä ovat minun teitäni, tehkää niiden mukaan!" Vanhan liiton sopimuksessa *sinulla* on vastuu sen tekemisestä! Roomalaiskirjeen seitsemännen luvun alkujakeista käy täysin selväksi, että vanha liitto on nyt ohi, koska Jeesus kuoli ristillä. Kun hän kuoli, tapahtui toinenkin ihmeellinen asia: myös *sinä* kuolit! Me *kaikki* kuolimme yhdessä hänen kanssaan! Myös se, että hän nousi kuolleista, vaikutti koko luomakuntaan, koska hän pitää kaiken koossa (Kol. 1:17). Koko luomakunta pysyy koossa Kristuksessa, joten kun Jeesus kuoli ristillä, mitä tapahtui kaikelle sille, mitä hän pitää koossa? Se kuoli. Kun hän nousi kuolleista, mitä tapahtui? Kaikki nousi kuolleista yhdessä hänen kanssaan.

Vanha liitto on päättynyt

Nyt keskitän huomioni kuitenkin tähän: kun Jeesus kuoli, vanhan liiton avioliitto oli ohi. On mielenkiintoista, että sen merkitys näkyi myös historiallisissa tapahtumissa. Hyvin pian Jeesuksen kuoleman jälkeen roomalaiset ryöstivät Jerusalemin, ja temppeli tuhottiin maan tasalle. Leeviläinen pappeus lakkasi toimimasta, eikä Daavidin jälkeläisiä pystytty enää jäljittämään. Vanhan liiton aikakausi oli ollutta ja mennyttä. En ryhdy väittelemään juutalaista kansaa koskevista kysymyksistä, mutta sen tiedän, että kun he tunnustavat Jeesuksen

Messiaakseen, pelastus aukeaa heille yhtä lailla kuin meille. Ilman Kristusta ei ole toivoa sen paremmin juutalaiselle kuin pakanallekaan. Ainoastaan hänessä on pelastus koko ihmiskunnalle, ja sen Raamattu tekee täysin selväksi.

Paavali sanoo selvästi, että Jumalan Israelin kanssa tekemä sopimus — vanha liitto — on päättynyt. Vaatimus lain pitämisestä varjeluksen, huolenpidon ja suosion saamiseksi ei ole enää voimassa. Kun Jeesus kuoli ristillä, sopimuksen sitovuus lakkasi. On kuitenkin tärkeää huomata, että laki on edelleen arvokas, koska se on ikuinen. Laki on ikuinen, mutta liitto, joka sitoo meidät siihen, on väliaikainen. Roomalaiskirje 7:4 tiivistää asian näin:

Samoin on teidän laitanne, veljeni. Kristuksen kuolemassa te hänen ruumiinsa jäseninä olette kuolleet vapaiksi laista ja kuulutte nyt toiselle, hänelle joka on herätetty kuolleista. Näin me kannamme hedelmää Jumalalle.

Toisin sanoen Jeesuksen ristinkuoleman kautta me kuolimme vapaiksi laista. Kuolimme vapaiksi siitä avioliitosta voidaksemme avioitua hänen kanssaan, joka on herätetty kuolleista. Osapuolet ovat edelleen samat — Jumala ja ihmiskunta — mutta tällä kertaa kyse on *uudesta* liitosta. Ainoa keino, jolla hän pystyi saamaan tämän aikaan, oli kuolema ja ylösnousemus.

Haluan nyt käyttää hieman aikaa katsoaksemme muutamia kohtia tässä luvussa, sillä siinä puhutaan seuraavaksi kahdesta erilaisesta laista. Ne ovat Mooseksen laki (tai voisimme kutsua sitä Jumalan laiksi) ja synnin laki, joka toimii meidän kuolevaisessa ruumiissamme.

Liitto on siis päättynyt, mutta laki on edelleen voimassa. Vanhan liiton päätyttyä lain noudattaminen ei enää vaikuta suhteeseemme Jumalaan. Lain noudattaminen ei enää ole siunauksien takeena, mutta siitä huolimatta laki on ikuinen. Jeesus itse sanoi Matteuksen evankeliumin viidennen luvun jakeessa 18:

> *Totisesti: laista ei häviä yksikään kirjain, ei pieninkään piirto, ennen kuin taivas ja maa katoavat, ennen kuin kaikki on tapahtunut.*

Tämä pitää paikkansa, *mutta* liitto, joka *sitoo* meidät lakiin, on purkautunut.

Roomalaiskirje 7:7 sisältää Paavalin sanat:

> *Mitä meidän on siis sanottava? Onko laki syntiä? Ei toki.*

Laki *itsessään* ei siis ole paha vaan hyvä asia. Roomalaiskirje 7:12 sanoo jopa niin, että laki on "pyhä ja käsky on pyhä, oikea ja hyvä"! Jakeessa 14 sanotaan, että laki on "hengellinen"!

Pääasia tässä on se, että laissa itsessään ei ole mitään olennaisesti väärää.

JUMALAN LAKI

Miksi Jumala sitten antoi lain? Mikä on lain tarkoitus? Kun laki annettiin, ihmiskunta oli menettänyt täysin yhteyden Jumalaan. Oli kulunut monta sukupolvea siitä, kun ensimmäinen mies ja nainen lähtivät Eedenin puutarhasta. Ihmiskunnalla ei ollut enää minkäänlaista kykyä ymmärtää Jumalaa tai hänen luontoaan ja teitään. On selvää, että ihmiset näkivät Jumalan kaikkivaltiaana maailmankaikkeuden hallitsijana, mutta sen lisäksi — millainen hän itse asiassa oli? Ei ollut mahdollista tietää sitä, *ennen kuin* hän antoi lain. Silloin tällöin Jumala oli yhteydessä joidenkin yksilöiden kanssa, kuten Henokin, Nooan ja Abrahamin, mutta yleisesti ihmiskunta oli aivan tietämätön siitä, millainen Jumala todella on. Antaessaan lain Jumala todellisuudessa antoi eräänlaisen kuvauksen omasta luonteestaan. Kymmenen käskyä annettiin siksi, että ne auttaisivat ihmiskuntaa ymmärtämään jotakin Jumalan luonteesta. Lakia ei annettu ensisijaisesti jonkinlaiseksi listaksi käskyjä ja kieltoja, joita täytyi noudattaa. Jumalan oli annettava jotakin, jotta ihmiskunta ymmärtäisi, millainen hän on.

Joitakin vuosia sitten mietiskelin aika paljon kymmenen käskyn sanamuotoja: "Älä tapa, älä varasta, älä todista valheellisesti" ja niin edelleen. Olin jo alkanut kokea Isän rakkautta ja nähnyt hiukan sitä, minkälainen hänen rakkautensa on. Kymmenen käskyä eivät pintapuolisesti luettuina tuntuneet sopivan yhteen Jumalan rakkaudesta saamani ilmestyksen kanssa. Käskyjen tyly sävy, kuten: "Älä varasta!" tuntui aivan liian määräilevältä. Siinä oli kyse vaatimuksesta ja hyvästä käytöksestä!

Jotenkin se ei tuntunut minusta oikealta. Isän rakkaus alkoi olla minulle hyvin tärkeä kaikessa siinä, miten ylipäänsä ymmärsin kristittynä olemisen. Monta vuotta sitten Herra sanoi minulle: "James, haluan sinun katsovan kaikkea, mitä ikinä olet opettanut. Haluan, että katsot sitä uudelleen Isän rakkauden valossa." Miten kymmentä käskyä katsotaan Isän rakkauden valossa? Siitä tuli minulle melkoinen haaste, ja mieleeni tuli joitakin asioita, joita en pystynyt mitenkään perustelemaan.

Jonkin aikaa tämän jälkeen olimme eräässä tilaisuudessa Hollannissa. Siellä oli juutalaistaustainen mies, joka oli Uuden testamentin tutkija. Hänen erikoisalaansa olivat juutalaisen kulttuurin näkemykset Jeesuksen aikana, esimerkiksi se, miten juutalainen kuulija ymmärsi jotkin Jeesuksen sanomat asiat verrattuna siihen, millä tavoin me nykyään ne ymmärrämme. Keskustelin tämän miehen kanssa ja sanoin hänelle: "Haluaisin kysyä jotakin, mitä olen miettinyt kymmenen käskyn suhteen. Minulla on niistä tietty käsitys, mutta voitko sanoa minulle rehellisesti, olenko aivan hakoteillä? Olenko täysin väärässä?"

Hän katsoi minuun, ja niinpä jatkoin: "Minusta tuntuu, että kun Jumala sanoo: 'Älä varasta', hän itse asiassa sanoo: 'Minussa ei ole mitään sellaista, mikä varastaisi keneltäkään, joten jos haluat olla minun kaltaiseni, älä sinäkään varasta.' Hän puhuu siis itsestään. Ja kun hän sanoo: 'Älä tapa', hän tarkoittaa: 'Minussa ei ole mitään sellaista, mikä vahingoittaisi hiuskarvaakaan kenenkään ihmisen päästä. Minussa ei ole mitään sellaista, mikä murhaisi, joten jos haluat vaeltaa minun kanssani, älä sinäkään murhaa.'" Olin hieman levoton sanoessani näin tälle huomattavalle juutalaiselle tutkijalle.

Hän katsoi minua suoraan silmiin ja sanoi: "James, olet täysin oikeassa!" Se kuulosti hyvältä — minusta on hauskaa olla oikeassa! Hän sanoi minulle, että hepreassa ei voi lausua puhtaasti käsitteellisiä väitteitä. Heprealaisessa ajattelutavassa ei ole pelkkiä käsitteitä. Kaikki perustuu elämään ja suhteisiin. Nämä käskyt liittyvät ensisijaisesti suhteisiin. Kun Jumala sanoo: "Älä tapa", hän ei voi lausua pelkkää kieltoa. Hänen on puhuttava myös suhteesta.

Kymmenen käskyä olivat meille langenneille ihmisille keino saada jonkinlainen käsitys siitä, millainen Jumalan persoona on. Hän ei varasta. Hän ei murhaa. Hän tietää, missä kuuluu osoittaa kunnioitusta. Hän pyytää meiltä kunnioitusta, kun se on paikallaan. Hän pyytää meitä palvomaan häntä koko sydämestämme, mielestämme, sielustamme ja voimastamme, koska siinä on perimmäinen todellisuus. Jumala on suurempi kuin me — olisi tyhmää olla antamatta koko elämäämme hänelle! Kaikkien näiden kymmenen käskyn avulla (joita hepreankielisessä alkutekstissä kutsutaan "kymmeneksi sanaksi") hän kuvailee omaa persoonallisuuttaan. Kunnioittaessamme (ja me kunnioitamme) kymmentä käskyä näemme sellaisen puolen Jumalan persoonallisuudesta, jonka me lihallisina ja uudestisyntymättöminä ihmisinä voimme ymmärtää. Siinä on sen tarkoitus!

Mutta tässä on pulma. Vaikka pitäisit lain, vanhurskautesi *ei silti riitä*. Miksei? Koska se ei ole sitä vanhurskautta, jota Jumala etsii. Jeesus sanoo Matteuksen viidennen luvun jakeessa 20, että sen vanhurskauden, jota hän etsii, on oltava *suurempi* kuin kirjanoppineiden ja fariseusten. Muistan lukeneeni tätä vuosia sitten ja miettineeni: *kuinka se voi mitenkään olla mahdollista?* En voi koskaan sanoa niin kuin Paavali (Fil. 3:6), että olen nuhteeton lain noudattamisessa. Itsearviointinsa mukaan Paavali ei koskaan rikkonut Jumalan lakia. Minä tiesin jääneeni jälkeen Paavalin vanhurskauden tasosta jo ennen kuin olin täyttänyt kymmenen vuotta! Olin mokannut jo aikoja sitten. Oli pakko olla olemassa suurempi todellisuus.

Laki on hengellinen, pyhä ja hyvä, koska se kuvailee jotakin siitä, millainen Jumalan persoonallisuus on. *Siinä* mielessä se on *aina* totta eikä koskaan katoa.

Synnin laki

Roomalaiskirjeen seitsemännessä luvussa puhutaan *toisestakin* laista. Jakeesta 14 eteenpäin Paavali sanoo:

Me tiedämme, että laki on hengellinen. Minä sitä

vastoin olen turmeltunut ihminen, synnin orjaksi myyty.
En edes ymmärrä, mitä teen: en tee sitä, mitä tahdon,
vaan sitä, mitä vihaan. Ja jos kerran teen sitä, mitä en
tahdo, silloin myönnän, että laki on hyvä.

Toisin sanoen: "Lukiessani, mitä laki sanoo, myönnän sen olevan hyvä, mutta silti epäonnistun jatkuvasti yrittäessäni tehdä sitä, mikä on oikein ja hyvää. Saatan onnistua päivän tai parin ajan, jopa viikon tai kahden, mutta lopulta kuitenkin rikon sitä. En pysty noudattamaan sitä!" Sanoessaan näin Paavali myöntää, että hänen sisimmässään on käynnissä syvempi kamppailu. Hän itse sanookin: "Olen turmeltunut ihminen, synnin orjaksi myyty." Hän myöntää (jakeessa 16), että laki on hyvä, mutta sitten hän tunnustaa, ettei pysty noudattamaan sitä. Hän itse haluaisi noudattaa sitä, mutta hänessä asuva synti saa hänet rikkomaan sitä. Hän jatkaa jakeessa 17: *Niinpä en enää teekään itse sitä, mitä teen, vaan sen tekee minussa asuva synti.*

Korostaakseen tätä Paavali toistaa saman asian jakeessa 20: *Mutta jos teen sitä, mitä en tahdo, en tee sitä enää itse, vaan sen tekee minussa asuva synti.* Tämä on kerrassaan ihana lause! Se on ihana siksi, että se vapauttaa meidät syyllisyydestä. Se, joka ei pysty noudattamaan Jumalan lakia, en olekaan minä vaan minussa asuva synti. Kun Aadam ja Eeva tekivät syntiä, me kaikki olimme heissä, ja niin mekin teimme syntiä. Joskus ajattelemme Aadamia ja Eevaa paratiisissa ja toivomme, etteivät he olisi tehneet sitä. Olen ajatellut, että elleivät he olisi tehneet sitä, mitä tekivät, minä olisin vapaa. Totuus on kuitenkin, että me olisimme langenneet samaan ansaan kuin he. Me kaikki olisimme tehneet syntiä. Aadamin ja Eevan langetessa syntiin koko ihmiskunnasta tuli syntinen. Meillä on taipumus kallistua jatkuvasti synnintekemiseen. Se on Paavalin mukaan (Room. 7:23) "ruumiissani vaikuttava synnin laki".

Ruumiissamme vaikuttaa laki tai periaate ja inhimillisyydessämme on peruuttamaton taipumus, joka jatkuvasti vie meitä syntiin. Se on *sisällämme*. Jotkut teologit sanovat, ettemme ole syntisiä, ennen kuin *teemme* syntiä. Emme siis ole *syntyneet* syntisinä. He sanovat, että vasta saavutettuamme "vastuullisuuden iän" olemme vastuussa päätöksistämme. Tämän iän uskotaan olevan kahdentoista ikävuoden paikkeilla, ja jos sen saavutettuamme päätämme tehdä syntiä, meistä tulee syntisiä, mutta ei ennen sitä. Tätä mieltä on huomattavan suuri joukko ihmisiä. Tässä uskomuksessa on kuitenkin ongelma. Jos se olisi totta, ihmiskunnan historiassa olisi täytynyt olla ainakin yksi ihminen (tietenkin lukuun ottamatta Jeesusta), joka olisi päättänyt *olla tekemättä* syntiä. Mutta ei ainutkaan niistä miljardeista ihmisistä, jotka ovat aikojen kuluessa eläneet tällä planeetalla, ole valinnut tätä vaihtoehtoa ja ollut tekemättä syntiä. Jos synnin tekeminen olisi valintakysymys, miksi joka ikinen ihminen on "vastuullisuuden iän" saavutettuaan poikkeuksetta päättänyt tehdä syntiä? Koska inhimillisessä luonteessamme on se taipumus, että omilleen jätettynä se *ei voi olla tekemättä* syntiä. Se on synnin laki.

Nämä kaksi lakia määritellään selvästi Roomalaiskirjeen seitsemännessä luvussa. Toinen on Jumalan laki, jota voidaan kutsua myös Mooseksen laiksi tai kymmeneksi käskyksi. Tämä laki on hyvä, ja kaikki me tiedämme ja myönnämme sen olevan hyvä. Jokin meissä rakastaa tätä lakia. Meissä on jotakin, mikä vaatii, että kaikki muut elävät sen mukaan. Maailman pahimmat rikollisetkaan eivät halua, että heiltä varastetaan mitään. Heidän mielestään varkaus on väärin, jos *he itse* joutuvat sen uhreiksi. He varastavat ilomielin muilta, mutta älä kuvittelekaan varastavasi heiltä! Suurin osa rikollisista odottaa jonkinlaista reiluutta. Jopa murhaaja haluaa olla rakastettu. Yleensä murhaaja ei halua itse tulla murhatuksi. Jokin syvällä sisimmässämme pitää kiinni lain normeista silloinkin, kun rikomme niitä. Se on siis ensimmäinen laki. Se on hyvä ja pyhä, eikä kukaan väitä, ettei se olisi ehdottoman oikein. Mielemme rakastaa lakia, mutta lihamme ei pysty noudattamaan sitä. Toinen laki on "jäsenissämme" oleva laki, joka ei voi olla tekemättä syntiä.

Luin tätä lukua (Roomalaiskirje 7) yhä uudelleen vuosien ajan ja olin ehdottomasti samaa mieltä Paavalin kanssa, kun hän huudahtaa (jakeessa 24): "Minä kurja ihminen! Kuka pelastaa minut tästä kuoleman ruumiista?" Toisin sanoen: "Laki tuomitsee minut jatkuvasti siitä, että teen vääriä asioita. En voi olla tekemättä syntiä ajatuksissani tai teoissani. Uskovanakin kuljen edelleen pitkin synnin tietä." Me kaikki huomaamme olevamme samassa veneessä. Minun kohdallani tarvittiin suuri epäonnistuminen, ennen kuin näin sen, että kaikkien niiden vuosien aikana, jolloin olin yrittänyt elää hyvää kristillistä elämää, harjoittaa itsekuria, välttää syntiä ja tehdä oikein, en ollut pohjimmiltani juurikaan muuttunut. Pohjimmiltani en kyennyt mitenkään tekemään itsestäni parempaa ihmistä. Olin edelleen syntinen, ja kaikki kurinalainen käyttäytymiseni oli vain ohut ulkokuori.

Tämä on yksi syy, jonka vuoksi olen vahvasti sitä vastaan, että pastoreita, opettajia ja johtajia nostetaan jalustalle heidän tittelinsä takia. Kun meillä on epärealistisia odotuksia heitä kohtaan, asetamme heidät tilanteeseen, jossa heillä ei ole muuta mahdollisuutta kuin kätkeä se tosiasia, että heidän "lihansa" vaikuttaa heissä edelleen. Jos nostamme heidät paikkaan, jossa täydellisyys on kristityn johtajan mittapuu, asetamme heidät alttiiksi väistämättömälle lankeemukselle ja sille, että heidän on piilotettava vikansa erinomaisuuden naamion taakse ja näytettävä siltä, että kaikki on hallinnassa! Paavali oli oppinut kerskailemaan heikkoudestaan ja puutteistaan, jotta Herran voima olisi hänessä.

Eläessämme hyvän ja pahan tiedon puusta ajattelemme, että Jumalan siunaus liittyy suoraan hyvään käytökseen ja että huonosta käytöksestä rangaistaan. Jumala käyttää eniten niitä, jotka pidättyvät tekemästä pahaa ja onnistuvat tekemään hyvää. Asetamme ihmiset hyvin yksinäiseen paikkaan palvelutyössä, taistelemaan kiusauksia vastaan, jotka ovat heille liikaa. Tiedän sen omasta kokemuksestani.

Jakeessa 22 sanotaan (vuoden 1938 suomennoksen mukaan): "Sisällisen ihmiseni puolesta minä ilolla yhdyn Jumalan lakiin." Tässä yhteydessä Paavali käyttää käsitettä "sisällinen ihminen" viittaamaan *mieleensä*. Tässä luvussa käsitteitä "sisällinen ihminen" ja "mieli" käytetään vaihdellen tarkoittamaan samaa asiaa. Paavali sanoo, että hän yhtyy iloiten Jumalan lakiin ja rakastaa sitä mutta näkee jäsenissään "toisen lain, joka sotii minun mieleni lakia vastaan". Voimme nähdä tässä nämä kaksi lakia, jotka ovat toisiaan vastaan. Toinen laki vaikuttaa Paavalin jäsenissä ja sotii hänen mielensä lakia vastaan. Se pitää hänet vankina synnin laissa, joka on hänen jäsenissään eli hänen fyysisessä ruumiissaan. Hän ei puhu nyt seurakunnan "jäsenistä" vaan omasta ruumiistaan, omista haluistaan, himoistaan ja teoistaan. Langenneen luontomme seurauksena synnin laki vaikuttaa meidän fyysisen ruumiimme jäsenissä.

Sitten Paavali huudahtaa (jae 24): "Minä kurja ihminen! Kuka pelastaa minut tästä kuoleman ruumiista?" Kuinka pääsen tästä ansasta? Synti asuu ruumiissani, enkä pysty sitä voittamaan. Rakastan Jumalan lakia ja yhdyn siihen täysin. Se on ihmeellinen — mutta en pysty noudattamaan sitä! Tämä on suuri ongelma. Kaiken lisäksi Jeesus teki asian vielä pahemmaksi sanoessaan: "Voi olla, ettet ole tehnyt aviorikosta fyysisesti, mutta jos olet katsonut jotakuta himoiten sydämessäsi, se on aivan sama asia!" Jeesus sanoi, että jos olemme vihaisia jollekulle, se tekee meistä murhaajia! Tämä tekee lain mahdottomaksi noudattaa.

Paavali kamppaili tämän vakavan ongelman kanssa. Hän sanoi, että ennen lain tuloa hän ei tiennyt, mitä synti on. Mutta kun laki tuli (jae 9), "synti heräsi eloon ja minä kuolin". Synnin laki tuomitsi hänet täysin. Juuri tässä on ansa. Uskomme siihen, mikä on oikein ja hyvää, pyhää ja hengellistä, mutta huomaamme, että ruumiissamme vaikuttava synnin periaate tekee mahdottomaksi noudattaa sitä. Lain asettamaa mittapuuta on mahdotonta saavuttaa. Tämä on yksi asia, joka saa kristityt istumaan suurimman osan elämästään kirkonpenkissä joko epätoivoisina tai vain toivoen, että he jotenkuten pääsisivät taivaaseen. He ovat joutuneet ansaan, josta ei pääse ulos. He eivät usko kelpaavansa palvelemaan Herraa, koska ovat liian epäpyhiä. Laki (hyvän ja pahan tiedon puu) tuomitsee heidät jatkuvasti, ja siksi heidän elämästään puuttuu toivo ja ilo. He eivät johda ketään Herran luo, koska eivät halua tuoda heitä samaan ansaan. Ymmärrän täysin tällaisen ajattelutavan. Minäkin tunsin olevani samassa ansassa. Tunsin olevani kurja ihminen, joka ei kyennyt pääsemään irti kuoleman ruumiin otteesta.

Kolmas laki

Niinpä Paavalilta pääsee tämä surullinen ja vahva huudahdus, johon monet meistä voivat samastua:

> *Minä kurja ihminen! Kuka pelastaa minut tästä kuoleman ruumiista?*

Minäkin olen useasti huudahtanut nämä sanat!

Sitten Paavali sanoo jotakin, mikä sai minut aina tuntemaan itseni vieläkin turhautuneemmaksi ja tyytymättömämmäksi. Hän sanoo yksinkertaisesti: "Kiitos Jumalalle Herramme Jeesuksen Kristuksen tähden" ja jatkaa sitten eteenpäin.

Minä vastasin tähän: "Mitä? Jäikö minulta jotakin huomaamatta? Missä on vapautus minulle, joka haluaisin noudattaa lakia mutta en pysty vastustamaan syntiä?" Miten tämä lause — kiitos Jumalalle Herramme Jeesuksen Kristuksen tähden — muka vapauttaa minut tästä ansasta? Olen ollut uskossa vuosikausia, Jeesus Kristus on Pelastajani ja Herrani, mutta olen *edelleen satimessa*. Vaikka kuinka olisin yrittänyt, en nähnyt mitään vastausta tähän.

Yksi ongelma Raamatun lukemisessa on se, että alkuperäinen teksti on jaettu lukuihin ja jakeisiin. Jaottelu on tehty keskiajalla, mutta me luemme Raamattua ikään kuin se olisi kuulunut jo alku-tekstiin. Paavalin puhe luvussa 7 ei pääty luvun lopussa vaan jatkuu edelleen. Sanottuaan: "Kiitos Jumalalle Herramme Jeesuksen Kristuksen tähden" hän jatkaa: "Niin..." Ajattelin, että vastauksen *täytyy* olla tässä lauseessa. Sen täytyy olla, koska hän näyttää sen jälkeen siirtyvän muihin asioihin.

Otetaanpa uudelleen: kuinka hän siis pääsi vapaaksi? Minulta oli täytynyt jäädä jotakin huomaamatta. "Herramme Jeesuksen Kristuksen tähden"? Se näytti minusta aivan liian yksinker-taistetulta vastaukselta. Ajattelin: "Paavali, sinun täytyy pystyä parempaan kuin *tämä*. Tuo vastaus ei riitä minulle. Sinun täytyy selittää yksityiskohtaisemmin." No, juuri niin hän tekeekin, mutta vasta muutamaa riviä myöhemmin, luvun 8 puolella. Seitsemäs luku päättyy yhteenvetoon kahdesta laista: "Niin minun sisimpäni noudattaa Jumalan lakia, mutta turmeltunut luontoni synnin lakia."

Kuinka hän siis pääsi vapaaksi? Kun ilmestys siitä valkeni

minulle, tajusin yhtäkkiä. ON OLEMASSA KOLMAS LAKI. Tämä kolmas laki on elämän hengen laki!

Kahdeksannen luvun jakeissa 1 ja 2 hän sanoo (vuoden 1938 suomennoksen mukaan):

Niin ei nyt siis ole mitään kadotustuomiota niille, jotka Kristuksessa Jeesuksessa ovat. Sillä elämän hengen laki Kristuksessa Jeesuksessa on vapauttanut sinut synnin ja kuoleman laista.

On olemassa kolme lakia! Kolmas laki, joka on avain kaikkeen, on elämän hengen laki Kristuksessa Jeesuksessa. Tämä laki murtaa kahleet niiltä, jotka ovat jääneet ansaan kahden edellä mainitun lain väliin. Tämä kolmas laki on korkeampi ja täysin ylivertainen verrattuna Mooseksen lakiin ja synnin lakiin, jotka toimivat toisiaan vastaan.

Kuinka tämä kolmas laki toimii? Kuinka elämän hengen laki Kristuksessa Jeesuksessa käytännössä toimii elämässämme? Yrittäessäni ymmärtää tätä ajattelin ensin, että siinä puhutaan Pyhällä Hengellä täyttymisestä: Jumalan Henki antaisi meille voiman ja kyvyn noudattaa Jumalan lakia. Oletin, että Pyhä Henki varustaisi minut voimalla, niin että pystyisin tekemään sen, mitä Jumala vaatii. En siis pysty siihen, ellen ole täyttynyt Pyhällä Hengellä, mutta kun *olen* täyttynyt Pyhällä Hengellä, minulla on voima pitää käskyt. Uskoin niin. Ongelma oli vain se, ettei se toiminut.

Kysymykseni oli: kuinka kielillä puhuminen voittaa lihassani olevan synnin lain? Kuinka se torjuu minua kohtaavat kiusaukset? Millä tavoin hengellisten lahjojen toimiminen auttaa syntiongelmaan? Kuinka sairaiden puolesta rukoileminen, riivaajien ulosajaminen tai jopa kuolleiden herättäminen auttaa vastustamaan oman sydämen kiusauksia? Entä voitelussa saarnaaminen tai hengessä ja totuudessa palvominen? Antoiko se Paavalille voiton synnistä ja voiman kymmenen käskyn noudattamiseen?

Täytyin Pyhällä Hengellä vain muutamia kuukausia uskoontuloni jälkeen. Siitä oli yli neljäkymmentä vuotta, mutta silti huomasin tekeväni syntiä! Olin kokenut paljon Pyhän Hengen työtä elämässäni, mutta lihani oli yhä altis kiusauksille. Sen vuoksi on naurettavaa kuvitella, että karismaattinen kokemus ja elämäntapa riittäisi synnin lain käsittelemiseen ja Jumalan lain noudattamiseen. Siitä syystä monet erittäin voidellutkin johtajat lankeavat moraalisiin synteihin. Tämä ajatus on osoittautunut toimimattomaksi. On täysin selvää, että liha on edelleen varsin määräilevä. Ei ole ollut kolmatta lakia, joka olisi toiminut tehokkaasti kiusausten ja synnin voittamiseksi.

Mikä sitten on tämä "kolmas laki"? Se on tässä: "Sillä elämän hengen laki Kristuksessa Jeesuksessa on vapauttanut sinut synnin ja kuoleman laista." Mikä on elämän hengen laki? Emme voineet ymmärtää tätä, ennen kuin Jack Winter sai uraauurtavan ilmestyksensä siitä, että Isän rakkaus *voi välittyä* meille. Kun tajusimme, että Isän rakkaus voi välittyä meille, se teki entistä syvemmin todeksi sen, että RAKKAUS ON KÄSINKOSKETELTAVAA TODELLISUUTTA.

Meidän, jotka olemme tässä ilmestyksessä ja palvelemme siinä, on jatkuvasti muistettava, että *emme* saarnaa *sanomaa*. Tämä on *ilmestys* rakkaudesta, jota me *välitämme*. Jos supistamme sen olemaan vain jokin sanoma, silloin se on pelkkää tietoa. Mutta rakkaus on todellista ja konkreettista.

Ymmärrä se, etten nyt puhu vain sanojen merkityksestä. Isän rakkaus ei ole käsitteellinen sanoma, se on koettavissa olevaa todellisuutta.

Isän rakkaus on ilmestys. Se on kokemus siitä, että Isän rakkaus konkreettisesti virtaa sydämeesi. Se ei ole pelkästään sitä, että ymmärrän hänen rakastavan minua, vaan sitä, että otan vastaan hänen rakkautensa perimmäisen olemuksen.

HENGEN KASTE

Kirjoittaessaan hengen laista luvussa 8 Paavali jatkaa aikaisemmasta maininnastaan Pyhästä Hengestä. Hän on maininnut Pyhän Hengen *kerran* ennen lukua 8, nimittäin viidennen luvun jakeessa 5. Kun siis puhumme hengen laista, tämä jae ilmaisee meille, mitä se on. Siinä sanotaan: "Eikä toivo ole turha, sillä Jumala on vuodattanut rakkautensa meidän sydämiimme antamalla meille Pyhän Hengen." Pyhän Hengen vastaanottamisessa keskitymme usein esimerkiksi kielilläpuhumiseen. Täyttyessämme Pyhällä Hengellä saamme voiman tehdä hengellisiä tekoja kuten Jeesus: herättää kuolleita, parantaa sairaita, profetoida, ajaa ulos riivaajia, saada yliluonnollisen uskon. Olemme ymmärtäneet, että Hengellä täyttyminen olisi sitä varten, että kykenisimme palvelemaan niin kuin Jeesus.

Mutta nähdessäni tämän jakeen (Room. 5:5) se toi mieleeni sen päivän, jolloin täytyin Pyhällä Hengellä. Itse asiassa en olisi halunnut tulla uskoon, halusin vain täyttyä Pyhällä Hengellä. Minulle sanottiin, etten voisi täyttyä Pyhällä Hengellä, ellen tulisi ensin uskoon. Se oli minulle todellinen ongelma, koska uskoon tuleminen merkitsi sitä, että minun täytyi antaa elämäni jollekulle toiselle, josta tulisi elämäni Herra. Ongelma oli vain se, että olisin halunnut säilyttää kontrollin itselläni. Elämäni ei ollut kovin kehuttavaa, mutta ainakin se oli omani, ja oli pelottavaa antaa se jollekulle toiselle. Sen takia elämän antaminen Herralle — jotta hän saisi koko loppuelämäni ajan tehdä sillä, mitä halusi — oli minulle pitkä prosessi.

Epäilyksistäni huolimatta minulla oli pakahduttava halu saada Pyhän Hengen kaste. Lopulta, noin kahdeksan kuukautta kestäneen prosessin jälkeen tulin siihen pisteeseen, että olin valmis antamaan elämäni Herralle, ja tein sen autossa ajaessani kotiin myöhään eräänä iltana. Herättyäni seuraavana aamuna menin ulos kävelemään. Taivas oli muuttunut siniseksi ja ruoho vihreäksi, ikään kuin en olisi ikinä ennen nähnyt sitä. Yhdessä hetkessä kaikki oli tullut erilaiseksi. Olin elänyt suureksi osaksi ulkoilmaelämää, mutta nyt seisoin niityllä syvän kunnioituksen vallassa katsellen häikäisevän väristä ruohoa jalkojeni alla ja taivasta ylläni. Sisimmässäni oli uskomaton tunne. Tiesin, että Jeesus oli tullut sydämeeni. Tiesin ilman epäilyksen häivää, että siitä lähtien kaikki menisi hyvin. Tiesin, ettei mikään olisi enää samoin kuin ennen, huolimatta vaikeista ajoista, jotka väistämättä tulisivat. Se oli minulle valtava kokemus, ja tiesin silloin, että seuraavaksi minun oli saatava Pyhän Hengen kaste.

Siitä tuli minulle uusi pitkä prosessi. Monet rukoilivat puolestani useita kertoja päästäkseni siihen, että sitoutuisin uskossa vastaanottamaan Pyhän Hengen. On mahdollista rukoilla ja uskoa, mutta on aivan eri asia rukoilla ja olla sitoutunut siihen, mitä uskoo. On mahdollista rukoilla Jumalalta Pyhän Hengen kastetta, mutta on eri asia olla sitoutunut tuohon pyyntöön.

Eräänä iltana aivan äitini ja isäni nenän edessä Pyhä Henki iski minuun voimallisesti. Kun se tapahtui, isäni ällistyi niin, että rojahti sohvalle. Hänen kätensä roikkuivat sivulla, jalat olivat suoraan eteenpäin varpaat sojottaen kohti kattoa. Hän tuijotti jalkojaan typertynyt ilme kasvoillaan, koska olin juuri puhjennut keuhkojeni täydeltä puhumaan kielillä. Se oli niin kovaäänistä, että kadulla kulkevien ihmistenkin on täytynyt kuulla se. Lopulta vajosin polvilleni lattialle kyynelten virratessa pitkin kasvojani. Itkin niin vuolaasti, että matto kastui läpimäräksi kyynelistäni. Ylistin suureen ääneen kielillä — yliluonnollinen kieli vain ryöppysi suustani. Kun isäni näki tämän, hän vaipui järkyttyneenä sohvalle suu auki hämmästyksestä.

MISTÄ TUO KAIKKI RAKKAUS TULI?

Kesken tämän purkauksen katsoin isääni huoneen toisella puolella ja huomasin, että hänen huulensa liikkuivat. Hän yritti sanoa jotakin. Menin hänen luokseen ja laitoin korvani lähelle hänen suutaan. Hän oli niin pyörällä päästään, ettei tainnut edes tietää yrittävänsä puhua jotakin. Saatoin kuulla, mitä hän yritti sanoa. Hän toisti toistamistaan näitä sanoja: "Mistä tuo kaikki rakkaus tuli? Mistä tuo kaikki rakkaus tuli? Mistä tuo kaikki rakkaus tuli?"

Lähtiessäni huoneesta olin innoissani siitä, että pystyin puhumaan kielillä. En ajatellut rakkautta. En odottanut rakkautta. En uskonut saavani rakkautta. Kukaan ei ollut koskaan sanonut minulle, että voisin kokea *Jumalan rakkauden* vuotavan sydämeeni Pyhän Hengen kautta. Ajattelin Pyhän Hengen olevan vain sitä varten, että voisin puhua kielillä ja saisin voitelun ja yliluonnollisia lahjoja. Ajattelin, että Pyhän Hengen kaste antaisi minulle syvällisen, pyhän ilmeen. Ajattelin, että siinä oli kyse pelkästään voiman saamisesta. En ikimaailmassa osannut yhdistää sitä rakkauteen.

Kirjoittaessaan kirjeensä roomalaisille Paavali yritti tiivistää koko evankeliumin niille ihmisille, joita hän ei ollut koskaan tavannut. Kahdeksassa ensimmäisessä luvussa hän käy pääpiirteittäin läpi koko pelastushistorian — Aadamin, vedenpaisumuksen, Abrahamin, Israelin, parannuksenteon, vesikasteen ynnä muuta. Ainoa kohta, jossa hän mainitsee Pyhän Hengen näissä kahdeksassa ensimmäisessä luvussa, on viidennen luvun jakeessa viisi. Mitä tapahtuu (Paavalin mukaan tässä Roomalaiskirjeen kohdassa), kun täytymme Pyhällä Hengellä? Silloin Jumalan rakkaus vuodatetaan sydämeemme. Hän ei mainitse kielilläpuhumista. Hän ei mainitse yliluonnollisia lahjoja. Hän puhuu siitä, että Jumalan rakkaus vuodatetaan sydämeemme. Mikä tahansa muu, mitä saatamme saada, on seurausta siitä, että tuo rakkaus on vuodatettu meihin Pyhän Hengen täyttäessä meidät.

Nyt, kolme lukua myöhemmin samassa kirjeessä Paavali puhuu hengen "laista". Hän yhdistää nämä kaksi asiaa. Ensimmäinen seuraus Pyhällä Hengellä täyttymisestä on Jumalan rakkauden vuodattaminen sydämeen, ja juuri *tätä* hän tarkoittaa Roomalaiskirjeen kahdeksannessa luvussa. Hengen laki on nimenomaan Jumalan rakkauden vuodatus sinun sydämeesi. Se, mikä vapauttaa sinut synnin ja kuoleman laista, *on* Isän rakkaus, joka vuodatetaan sydämeesi. Liha haluaa aina tehdä syntiä, mutta kun hänen rakkautensa tulee sydämeesi, *se vapauttaa* sinut oman lihasi vallasta.

Katsoessamme Mooseksen lakia nostamme katseemme kohti Jumalaa nähdäksemme, millainen hänen luonteensa on. Mutta haluan kysyä sinulta jotakin: noudattaako Jumala kymmentä käskyä päätöksensä voimalla? Päättääkö hän joka aamu vakaasti olla tekemättä syntiä? Ei! Hän pitää käskyt *automaattisesti*.

Kymmenen käskyä on näet annettu kuvaamaan hänen luonnettaan ja persoonallisuuttaan. Jumala ei noudata lakia pitämällä kiinni joistakin vaatimuksista tai periaatteista. Käskyt annettiin langenneelle ihmiskunnalle, joka oli kokonaan menettänyt kosketuksensa siihen, millainen Jumala on. Galatalaiskirje 3:24 (vuoden 1938 suomennos) kuvaa lakia ”kasvattajaksi”, joka tuo meidät Kristuksen luo. Ei ole koskaan ollut tarkoitus, että täyttäisimme lain. Meidän on tarkoitus katsoa sitä ja tajuta, että on mahdotonta noudattaa sitä. Katsoessamme sitä huudamme: ”Jumalani, auta minua!”

Laki sanoo meille, ettemme pysty siihen. Se saa aikaan särkyneisyyttä ja nöyryyttä. Kun tiedämme tehneemme syntiä ja rikkoneemme lakia, huudamme katumuksen vallassa Jumalalta anteeksiantoa. Se oli lain antamisen tarkoitus. Katsoessamme lakia katsomme kuvausta Jumalan persoonallisuudesta. On ollut suuri harhaluulo, että meidän olisi yritettävä noudattaa sitä.

Tahdon sanoa hyvin selvästi: vuodattaessaan Henkensä meihin Jumala on vuodattanut meihin rakkautensa perimmäisen olemuksen. Hänen rakkautensa on hänen persoonallisuutensa. Jumala on rakkaus. Kaikki muut hänen persoonallisuutensa puolet ovat ilmausta hänen rakkaudestaan. Jumala on hyvä, Jumala on lempeä, hän on kärsivällinen, hän on täynnä myötätuntoa, hän on Jumala, joka siunaa. Kaikki se, mitä luemme hänestä, on ilmausta rakkaudesta, koska Jumala *on* rakkaus. Hänessä ovat luontaisesti kaikki nämä ominaisuudet. Hän on rakkaus. Rakkaus on hänen persoonallisuutensa.

Uudessa liitossa hän ei siis ole antanut meille käskyjä, vaan hän on laittanut oman persoonallisuutensa meihin. Tässä on asian ydin: vaikka emme edes tietäisi, mitä laki sanoo, me silti noudattaisimme sitä, kun hänen rakkautensa on vuodatettu sydämiimme. Hän itse noudatti lakia jo paljon ennen kuin oli kirjoittanut sen! Se on osa hänen persoonallisuuttaan. Ja Pyhän Hengen kautta hän vuodattaa luontonsa, persoonallisuutensa meihin! Pietari tiesi sen kirjoittaessaan toisessa kirjeessään näin (2. Piet. 1:4):

Näin hän on meille lahjoittanut suuret ja kalliit lupaukset, jotta te niiden avulla – – tulisitte osallisiksi jumalallisesta luonnosta.

Tämä on se hengen laki, josta Paavali huudahtaa: "Kiitos Jumalalle Herramme Jeesuksen Kristuksen tähden!" Tämän vuoksi ei ole olemassa mitään kadotustuomiota niille, jotka ovat Kristuksessa Jeesuksessa. "Hengen mukaan eläminen" on täyttymistä joka päivä Jumalan rakkaudella. Kun Paavali kehotti uskovia Efesolaiskirjeen viidennen luvun jakeessa 18 täyttymään Hengellä, kreikankielisestä alkutekstistä käy selkeästi ilmi, että on kyse jatkuvasta täyttymisestä. Jakeen pitäisi kuulua tähän tapaan: "Täyttykää kaiken aikaa Pyhällä Hengellä." Ota siis jatkuvasti vastaan hänen rakkauttaan sinua kohtaan! Anna hänen rakastaa sinua kaiken aikaa. Koe lakkaamatta Isän rakkauden vuodatusta sydämeesi. Elä Jumalan rakkaudessa jokaisen päivän jokaisena hetkenä.

Jumalan rakkaus on hänen persoonallisuutensa. Laki on edelleen voimassa, se on edelleen oikein. Mutta täyttyessämme Jumalan omalla persoonallisuudella — joka on rakkaus — menemme lain ohi ja täytämme sen, koska rakkaus on lain täyttymys. Laki ei katoa, mutta Jumala on nostanut meidät pois lain vanhurskaudesta oman sydämensä ja persoonallisuutensa mukaiseen vanhurskauteen.

Vihdoin tajuan tämän: se, että tiedämme hänen rakastavan meitä, ei vapauta meitä. Tieto siitä, että hän rakastaa meitä, ei vapauta meitä lihallisesta luonnostamme. Rakkaus *itse* — rakkaus, jota konkreettisesti vuodatetaan sydämeemme — nostaa meidät lain *yläpuolelle*. Omasta rakkauden luonnostaan Jumala laati käyttäytymistä koskevan lain, jonka rakkaus automaattisesti saa aikaan. Kun olet täyttynyt samalla rakkaudella, käyttäydyt *automaattisesti* samalla tavoin kuin hän! Tästä puhutaan Hesekielin kirjan 36. luvun jakeessa 27, kun Jumala sanoo: "Henkeni minä annan teidän sisimpäänne ja *vaikutan* sen, että te vaellatte minun käskyjeni mukaan." Kun olet täynnä Jumalan rakkautta, rakastat *automaattisesti* lähimmäistäsi. Kun olet täynnä Jumalan rakkautta, on mahdotonta valehdella, varastaa tai murhata. Sinä *tahdot* kunnioittaa äitiäsi ja isääsi. Kun olet täynnä Jumalan rakkautta, et voi olla rakastamatta häntä kaikesta sydämestäsi, mielestäsi, sielustasi ja voimastasi. Sinä elät niin kuin Jumala elää.

RAKKAUS EI VOI TEHDÄ SYNTIÄ

Mieti seuraavia esimerkkejä Paavalin kirjoituksista. Nämä kohdat puhuvat itse puolestaan.

Ensin Galatalaiskirje 5:14 (vuoden 1938 suomennos):

Sillä kaikki laki on täytetty yhdessä käskysanassa, tässä: "Rakasta lähimmäistäsi niin kuin itseäsi."

Sitten Roomalaiskirje 13:8–10:

Älkää olko kenellekään mitään velkaa, paitsi että rakastatte toisianne. Joka rakastaa toista, on täyttänyt lain vaatimukset. Käskyt "Älä tee aviorikosta", "Älä tapa", "Älä varasta", "Älä himoitse", samoin kaikki muutkin, voidaan koota tähän sanaan: "Rakasta lähimmäistäsi niin kuin itseäsi." Rakkaus ei tee lähimmäiselle mitään pahaa. Näin rakkaus toteuttaa koko lain.

Eikö olekin ihmeellistä? Tässä ei puhuta inhimillisestä rakkaudesta, jolloin ollaan ystävällisiä toisia kohtaan oman ymmärryksen ja kyvyn mukaan. Tässä on kyse siitä, että täytymme *Jumalan* rakkaudella ja rakastamme *Jumalan* rakkaudella. Juuri sen tähden on tärkeää täyttyä jatkuvasti sillä rakkaudella, jolla Isä Jumala meitä lakkaamatta rakastaa. Hänen rakkautensa, joka virtaa todellisena sydämeesi, vapauttaa sinut synnistä — koska *rakkaus ei voi tehdä syntiä!*

Jumala on rakkaus, ja Jumala ei voi tehdä syntiä. Inhimillinen rakkaus *voi* tehdä syntiä, koska inhimillinen rakkaus voi olla äärimmäisen itsekeskeistä. Mutta Jumalan rakkaus ei voi tehdä syntiä. Kun Jumalan rakkauden perimmäinen olemus vuodatetaan sydämeesi, persoonallisuutesi muuttuu Jumalan oman persoonallisuuden kaltaiseksi. Se on hengen laki! Se pelkistää kristinuskon kahteen yksinkertaiseen asiaan: tule pestyksi Jeesuksen veressä ja täyty Jumalan rakkaudella. Siinä kaikki! Kun täytymme Jumalan rakkaudella, emme voi tehdä syntiä niin kuin ei Jumalakaan voi. Olemme menneet täysin harhaan kristinuskon pääasiasta kutistaessamme sen pelkästään kysymykseksi oikeasta ja väärästä.

Minusta tuntuu, että olen löytänyt sen, mitä evankeliumi on. Olen nähnyt paljon nykypäivän kristillisyyttä matkoillani kuudentoista viime vuoden aikana. Matkustettuani neljäkymmentä kertaa maapallon ympäri olen tullut siihen tulokseen, että kristillisyys sellaisena kuin me sen tunnemme kohdistaa huomionsa vahvasti hyvän ja pahan tiedon puuhun. Todellinen kristillisyys, sellaisena, joksi Jumala sen on tarkoittanut, ravitsee itseään elämän puusta, joka on Jumalan oma luonne ja persoonallisuus.

Jos luet tätä ja ajattelet minun tarkoittavan, että sinun täytyy todella uskoa, että Jumala rakastaa sinua, et ole ymmärtänyt asiaa.

Jos ajattelet: "Minun on tiedettävä, että Jumala rakastaa minua", silloinkaan et ole ymmärtänyt asiaa. Sinun on *koettava*, että hän rakastaa sinua, sillä kun rakkaus konkreettisesti vuotaa sydämeesi, olet vapaa.

Monien vuosien ajan pystyin näkemään ainoastaan kahden lain olemassaolon: Jumalan lain, joka on hyvä ja tosi, ja lihassani olevan synnin lain. Olin Paavalin tavoin juuttunut kamppailemaan näiden kahden lain välissä. Vuosiin en nähnyt *kolmatta* lakia — elämän hengen lakia Kristuksessa Jeesuksessa. Löydettyäni nyt tämän kolmannen lain tunnen kuin ympyrä olisi sulkeutunut halussani täyttyä Pyhällä Hengellä.

Kun olin tavannut Jack Winterin ensimmäistä kertaa ja hän oli puhunut minulle Isän rakkauden vastaanottamisesta henkilökoh-taisesti, reaktioni oli: "Ei kristillisyydessä ole kyse rakkaudesta vaan voimasta ja kaikesta siitä, mikä liittyy voimaan." Ajattelin, ettei Jack ollut ymmärtänyt pääasiaa vaan korosti liikaa Isän rakkauden vas-taanottamista. Ongelmani oli, että Jumala oli selvästi kehottanut minua olemaan Jackille "Joosua". Tiesin ilman epäilyksen häivää, että Herra oli puhunut, ja niinpä laitoin sivuun monet omat käsi-tykseni kristillisestä elämästä ollakseni "Joosua" Jack Winterille. Rakkauden käsite oli aina ollut minulle vaikea. Minulle kristillisyys oli kaikkea muuta *paitsi* rakkautta.

Oltuani nyt uskossa neljäkymmentä vuotta ja kauan mukana palvelutyössä olen vihdoin päässyt ympyrän loppuun ja palannut Pyhän Hengen kasteeseen. Pyhän Hengen kaste eli Pyhällä Hengellä täyttyminen on sitä, että Isän rakkaus vuodatetaan meidän sydämiimme. Odotamme innoissamme sitä aikaa, jolloin Jumala vuodattaa Henkensä koko seurakunnan ylle. Silloin kaikki uskovat saavat sydämeensä ilmestyksen hänen rakkautensa käsinkosketeltavasta todellisuudesta.

Tätä on evankeliumi. Hyvä uutinen *ei* ole sitä, että sinun pitää tehdä jotakin, vaan hyvä uutinen on se, että Jumala tekee sen puolestasi. Kun Isän rakkaus täyttää sydämesi, sinulle ei tule edes mieleen tuomita toisia. Sinulla ei ole kielteisiä ajatuksia lähimmäisestäsi. Raamattu sanoo Ensimmäisessä Pietarin kirjeessä (1. Piet. 4:8), että "rakkaus peittää paljotkin synnit". Toisin sanoen rakkaus näkee toisen sellaisena kuin Jumala on hänet luonut. Jumala katsoo sinua täydellisellä rakkaudella, ja *rakkaus ei voi tehdä syntiä*.

Keino, jolla tähän kaikkeen päästään, on tulla täyteen hänen rakkauttaan. Fatherheart Ministries -työssä sisäänpääsyn tähän tarjoavat Isän sydän A-koulut. Näiden koulujen tarkoituksena on avata ihmisille ovi, josta pääsee kokemaan Isän rakkautta. Uskomme tämän johtavan kohti evankeliumin täyttymystä. Uskomme siihen, että evankeliumi tulee lihaksi jokaisen uskovan sydämessä. Uskomme jopa siihen, että Jumalan luonto tulee ilmi meissä. Jos tämä käy yli ymmärryksesi, niin odota vain. Isän rakkaus *on täyttävä* kristittyjen sydämet kaikkialla maailmassa, ja Jumalan pojat ja tyttäret menevät kaikkiin maailman kansakuntiin. He ovat täynnä Isän luontoa, he muuttavat koko kristillisyyden ja saattavat loppuun tämän aikakauden.

Tahdon käyttää tämän kirjan loppuluvut tarkastellen niitä seurauksia, joita tästä näkökulman muutoksesta aiheutuu. Takaan sinulle, että kun alat kokea Isän rakkautta ja syödä elämän puusta ja kun sydämesi silmät alkavat jälleen toimia, huomaat eron jokapäiväisessä elämässäsi. Elämän hengen hedelmä alkaa tulla esiin sinussa ja ympäristössäsi. Sitä mukaa kuin otat vastaan Isän rakkautta, kristillisyys alkaa toimia ja tuottaa sinussa hedelmää sellaisella tavalla, että yllätyt.

TOINEN OSA

LUKU 4

~

Orvosta kristillisyydestä pojan elämään

Mitä enemmän saamme ilmestystä, sitä enemmän näkökulmamme muuttuu. Kun alamme yhä enemmän elää Jumalan rakkauden kokemisessa ja syödä elämän puusta, silmämme alkavat avautua evankeliumin todellisuudelle. Kristinuskon koko tarkoitus voidaan kiteyttää näin: Jeesus kuoli ristillä poistaakseen kaikki esteet, joiden vuoksi emme pääse elämään lähellä Isää. Kristinuskon tarkoitus on, että saisimme kokea sitä ikuista elämää, josta Jeesus puhuu Johanneksen luvussa 17: ”…että he tuntevat sinut, ainoan todellisen Jumalan, ja hänet, jonka olet lähettänyt, Jeesuksen Kristuksen.” Monet mieltävät ikuisen elämän vain sellaiseksi, joka jatkuu ikuisuuksiin. Ikuinen elämä on kuitenkin elämää, joka on laadultaan erilaista. Se on Jumalassa olevan elämän perimmäinen olemus, se mikä tekee hänet eläväksi.

Ymmärrämme hyvin rajallisesti monia Raamatun suuria

totuuksia. Olemme mahduttaneet Pyhän Hengen omiin kokemuksiimme karismaattisista ilmiöistä. Olemme niin kiinni vanhoissa ajatusmalleissamme, että kuullessamme sanat "Jumalan Henki" emme pysty irtautumaan omista luutuneista käsityksistämme siitä, kuka hän on ja mitä hän tekee. Totuus on: Pyhä Henki on Jumalan omin ja syvin olemus ja persoonallisuus!

Joskus tarvitsemme uudenlaisia käsitteitä herätäksemme näkemään, kuka Pyhä Henki todellisuudessa on. Kuvittele esimerkiksi, että saisit tammen hengen. Miltä se tuntuisi? Jyhkeän tammen henki tarkoittaisi ensinnäkin sitä, että seisoisit paikoillasi hyvin pitkän aikaa, ehkä tuhansia vuosia. Kuvittele seisovasi läpi vuosisatojen, vuodenajasta toiseen, lehtien pudotessa, uusien tammenterhojen kasvaessa... Tällaiselta tammen hengen saaminen saattaisi tuntua. Tai kuvittele, että saisit suuren säveltäjän hengen. Sinussa olisi esimerkiksi jotakin Mozartin olemuksesta, ja sen johdosta toimisit eri tavalla. Yritä kuvitella hetken aikaa, millaista se olisi. Sinun ei tarvitsisi yrittää toimia eri tavalla. Se olisi yhtä luonnollista kuin hedelmän ilmestyminen puuhun. Tammi tuottaa tammenterhoja aivan luonnostaan. Mozart sävelsi musiikkia aivan luonnostaan. Kun jonkun toisen henki pannaan meihin, huomaamme, että alamme luonnostaan tuntea ja käyttäytyä samoin kuin se, jolta henki on tullut.

Ihmisen henki on hänen persoonallisuutensa ydin. Yritä nyt kuvitella, millaista on, kun Jumalan henki tulee sinuun. Jos hänen henkensä, Pyhä Henki, tulee sinuun, se tarkoittaa, että hänen oma luontonsa ja persoonallisuutensa siirtyy sinuun — se ei tarkoita ainoastaan kykyä puhua kielillä, ajaa ulos riivaajia tai puhua profeetallisia sanoja. Jumalan Henki sinussa on paljon enemmän kuin se. Saatat nähdä valkoisten höyhenien leijailevan alas katosta tai huomata kultapölyä kädelläsi, kuten jotkut näinä aikoina kokevat.

Mutta haluan sanoa hyvin selvästi: se *ei* ole Jumalan Hengen ydinolemus. Se saattaa olla todiste, mutta se ei ole ydin. Jumalan Hengen ydinolemus on Jumalan oma luonto ja persoonallisuus. Sehän on *hänen* Henkensä. Kun siis puhumme elämän puusta syömisestä, puhumme Jumalan Hengellä täyttymisestä. Pyhää Henkeä kutsutaan myös "elämän hengeksi" (Room. 8:2). Mitä elämää siinä tarkoitetaan? *Nimenomaan Jumalan elämää.* Jumalan luonnon ja Jumalan elämän Henkeä. Kun tämä Henki laitetaan sinuun, se tuo sisimpääsi Jumalan oman luonnon. Kun Jumalan Henki laitetaan sinuun, ensimmäiseksi tapahtuu tämä: rakkaus tulee. Rakkaus on nyt saatavillasi, koska Jumalan luonto on rakkaus ja hän haluaa välittää tuon rakkauden sinulle. Kun Jumalan rakkauden luonto laitetaan meihin, rakkauden tuottamista hedelmistä tulee meidänkin persoonallisuutemme.

Apostoli Paavali ymmärsi tämän. Hän puhuu Pyhästä Hengestä Roomalaiskirjeen viidennessä luvussa (Room. 5:5) ja sanoo, että Pyhän Hengen päätehtävä on "vuodattaa Jumalan rakkaus sydämiimme". Tämä on ainoa maininta Pyhästä Hengestä Roomalaiskirjeessä ennen lukua 8. Jumalan rakkauden vuodattaminen sydämiimme on välitön seuraus Pyhällä Hengellä täyttymisestä. Olen vasta alkanut ymmärtää tätä yhteyttä. Uskoon tultuani minulle selitettiin, että Pyhä Henki merkitsee pelkästään voimaa. Nyt näen, että kyse on rakkaudesta. Puhuessamme elämän puusta puhumme siitä, että Jumala itse ruokkii meitä ja saamme ravintoa Jumalan luonnosta, joka on ilmaistu meille ja vuodatettu sydämeemme ja olemukseemme. Alamme kokea tätä rakkautta. Alamme olla juurtuneita ja perustuneita hänen rakkauteensa, joka on vuodatettu sydämiimme. Kun tämä tapahtuu, se muuttaa kokonaan kokemuksemme kristillisyydestä.

Yksi perustava asia, jota olemme alkaneet ymmärtää, on

"orpouden henki". Olen kirjoittanut tästä kokonaisen luvun kirjassani *Pojan sydän*. Lyhyesti sanottuna: Aadamista ja Eevasta tuli isättömiä, kun heidät karkotettiin Eedenin puutarhasta. Heissä koko ihmiskunnasta tuli isätön, koska yhteys Isä Jumalaan oli nyt katkennut. Ihmiskunta vajosi orpouteen. Tämä on edelleen ihmisyyden perustila. Ihmissydän on altis orpoudelle. Ei ole väliä, ovatko vanhempasi olleet huonoja, keskinkertaisia vai moitteettomia. Epäilemättä vanhemmilla on merkittävä vaikutus jokaisen ihmisen hyvinvointiin. Puhun nyt kuitenkin paljon syvemmästä todellisuudesta kuin tämä. Puhun koko ihmiskunnasta. Nekin, joilla on hieno ja rakastava suhde vanhempiinsa, ovat silti orpoja siinä mielessä, että he ovat jääneet orvoiksi *todellisesta* Isästään. Maailman järjestelmä perustuu kokonaan orpouteen. Maailmassa jokaisen kulttuurin ja instituution pohjimmaisena vaikuttimena on orpous: pelko, ahneus, turvattomuus, itsesuojelu.

Sama orpous on vaikuttanut myös seurakuntaelämään. Itse asiassa voit olla uudestisyntynyt, mutta se ei ota sinusta pois orpoutta. Voit olla kastettu, Hengellä täyttynyt ja jopa voideltu palvelutehtävään mutta olla silti sydämessäsi orpo. Orpoutta ei voi ajaa ulos ihmissydämestä. Orpous ei ole demonista, se on ihmissydämen perustila. Se on henki, joka vaikuttaa tottelemattomissa ihmisissä (Ef. 2:2). Orpous on siinä määrin syvään juurtunut meihin, että tullessamme uskoon alamme kehittää orvontyylistä kristillisyyttä.

Ainoa ratkaisu orpoon kristillisyyteen on kohdata Jumalan isällinen ja äidillinen rakkaus. Kun Isä rakastaa meitä läheisesti, se murtaa orvon kristillisyytemme. Kun pääset kokemaan Isän rakkautta, alat nähdä muutoksia elämässäsi. Jotkin muutokset voivat olla dramaattisia, toiset hienovaraisempia, mutta joka tapauksessa alat huomata arvojen ja motiivien muuttuvan sydämessäsi. Usein se yllättää sinut. Et tiedä, miksi jotkin syvään juurtuneet arvot ja periaatteet alkavat muuttua. Alat menettää kiinnostustasi joihinkin asioihin, joita olet vakaumuksellisena kristittynä tehnyt vuosikausia. Saatat hyvinkin ajatella: "Mikä minussa on vikana? En enää nautikaan asioista, joita olen harjoittanut vuosikausia. Minulla ei enää ole samaa motivaatiota kuin ennen."

Kun Isän rakkaus koskettaa sinua, sinut valtaa tunne, että hän on täysin tyytyväinen sinuun. Sinun ei enää tarvitse yrittää miellyttää ihmisiä. Monet uupuvat ja palavat loppuun, koska heistä tuntuu, että heidän on pakko palvella lakkaamatta, mutta ottaessaan vastaan Isän varauksettoman rakkauden he vapautuvat. Se aiheuttaa usein ongelmia seurakunnassa, jossa he ovat mukana. Olen käynyt eri seurakunnissa puhumassa Isän rakkaudesta. Ihmiset ovat todella saaneet kiinni siitä ja alkaneet elää pojan elämää. Sen jälkeen pastorit ovat valittaneet minulle, että heidän seurakuntalaisensa eivät enää halua palvella. Kävin eräässä seurakunnassa kolmisen kertaa, mutta sen jälkeen en kuullut pastorista mitään kolmeen vuoteen. Sitten satuin istumaan samassa pöydässä hänen kanssaan erään konferenssin ruokatauolla, ja hän kertoi syyn, miksei minua ollut kutsuttu takaisin. Hän sanoi: "Syy siihen, etten ole kutsunut sinua uudelleen, on se, että viime käyntisi jälkeen monet vapaa-ehtoistyöntekijämme tulivat sanomaan, etteivät he enää aio tehdä tehtäviään. Minusta näyttää siltä, että palvelutyösi seurauksena ihmisistä tulee laiskoja."

Minusta tämä oli mielenkiintoista, ja sanoin: "Katso, mitä opetan, ja katso, mitä teen: opetan, että voimme elää levossa. Se on yksi niistä asioista, joita alkaa tapahtua, kun saa kokea Isän rakkautta." Kaikkein tärkeintä on levätä hänen rakkaudessaan. Silloin kaikki ponnistelu alkaa kadota, emmekä enää halua sellaista elämäämme. Sanoin, että näin on todellakin tapahtunut minulle. Ponnistelu on poissa, mutta olen silti ahkerin kiertävä saarnaaja, jonka tunnen. Kaikki toiset tuntemani saarnaajat sanovat: "James, matkareittisi pelkkä lukeminen saa minut näännyksiin!" Kyse ei siis ole laiskuudesta vaan Jumalan lepoon tulemisesta. Itse asiassa se saa aikaan parempia tuloksia.

Sitten kysyin tältä pastorilta: "Miksi vapaaehtoiset lopettivat?" Hän vastasi: "He eivät enää halunneet tehdä töitänsä." Niinpä minä sanoin: "Miksi panit heidät tekemään sellaista, mitä he eivät halunneet tehdä?" Hän oli melko loukkaantunut. Kristillisyydessä moni asia voi aiheuttaa tunteen, että seurakunnassa on pakko tehdä jotakin. Tunnemme velvollisuudeksemme pitää kone käynnissä. En usko, että Jumala haluaa meidän tekevän hänelle mitään, mikä ei ole ilmaus rakkaudestamme häntä kohtaan. Uskon, että hän haluaa meidän palvelevan häntä rakkaudesta, ja se mitä teemme, on vain keino osoittaa rakkauttamme hänelle. Jos joku perheesi jäsen tekee hyväksesi jotakin ainoastaan siksi, että hänestä tuntuu, että niin pitää tehdä, se voi olla hyvä asia, mutta se ei ole sitä, mitä haluat. Haluat hänen tekevän sen rakkaudesta. Haluat tyttäresi auttavan sinua imuroinnissa sen vuoksi, että hän rakastaa sinua. Haluat poikasi tiskaavan astiat sen vuoksi, että hän rakastaa sinua. Uskon, että Jumalan valtakunta on tällainen. Monia asioita, joita olemme tehneet yrittäessämme palvella Jumalaa ja seurakunnan näkyä, ei ole tehty ollenkaan rakkaudesta, vaan se on ollut ainoastaan keino pitää itsemme puuhakkaina.

Joku on sanonut, että kiireinen seurakunta on onnellinen seurakunta. No, voin kertoa, miten tämä toimii. Kiireinen seurakunta on onnellinen seurakunta tietyn aikaa! Mutta lopulta tulee päivä (oman kokemukseni mukaan) joskus 15–18 vuoden rankan palvelun jälkeen, jolloin ihminen alkaa arvioida elämäänsä ja ajattelee: "Teen paljon juttuja, joita en oikeastaan halua tehdä." On jääty kiinni oravanpyörään, josta ei päästä ulos, ja yhtäkkiä huomataan, että tekeminen ei tulekaan enää sydämestä. Jos ihminen sen sijaan tekee jotakin sydämestään ja täysin vapaasti, hän luultavasti tekee sitä lopun elämäänsä, ja hänen työnsä laajenee ja kantaa pysyvää hedelmää. Isän rakkaus saa aikaan vapautta, joka tulee sydämestä. Kun ihminen, joka on ahkeroinut vuosikausia uhrautuvasti pastorin näyn hyväksi, lopulta huomaa, että hän onkin tehnyt sitä velvollisuudesta tai pakosta tai (joissakin tapauksissa) jopa hengelliseen kaapuun verhotun manipuloinnin seurauksena, hän useimmiten jättää seurakunnan kokonaan.

Haluan nyt nostaa esiin muutamia tärkeimpiä muutoksia, joita tapahtuu, kun Isän rakkaus täyttää elämäsi. Kun henkesi alkaa vaeltaa hänen kanssaan poikana tai tyttärenä, nämä muutokset alkavat näkyä elämässäsi ja alat ymmärtää: "Tämä on todella tapahtumassa minulle!"

PALVELIJAN KUULIAISUUDESTA
POJAN HARMONIAAN

Yksi tällainen muutos on tietenkin se, kuinka näemme Isä Jumalan. Useimmilla meistä ainoa kokemus kristillisyydestä on ollut *orpoa* kristillisyyttä. Se tarkoittaa kristillisyyttä, jossa ei tunneta Isän rakkautta omakohtaisen kokemuksen kautta. Tällaisella kristityllä on usein hyvin todellinen suhde Jeesukseen Herrana, Kuninkaana ja Sulhasena. Nämä suhteet voivat olla hyvin vahvoja, mutta vain Isä voi ottaa meistä pois orvon sydämen. Veli ei voi tehdä sitä. Veli merkitsee vain sitä, että olemme orpoja yhdessä, mutta ilmestys Isästä ottaa pois orvon hengen.

Joskus ihmiset sanovat minulle: "Kyllä, tunnen todella Isän, olen kokenut ja kohdannut hänet." Katson vain heitä silmiin ja voin kertoa, että heillä on ainoastaan teologinen tietämys Isästä.

Tunnettu raamatunopettaja Derek Prince on kertonut olleensa siinä uskossa, että hänellä oli suhde Isään, koska hän kykeni pitämään saarnoja Isästä ja koska hän tunsi Raamatun. Myöhemmin elämässään hän sai kuitenkin huomata, että on mahdollista löytää suhde Isään omakohtaisen kokemuksen kautta. Tällainen suhde ottaa pois orpouden ja vie meidät aivan uudenlaiseen kokemukseen kristillisyydestä.

Useimmiten Isä Jumala on tuntunut meistä etäiseltä persoonalta. Meillä on ollut ilmestys Jeesuksesta pelastuessamme ja ilmestys Pyhästä Hengestä Hengen kasteessa. Tämä on se kaksijalkainen tuoli, johon kristillisyytemme on perustunut. Mutta ilman sydämen ilmestystä Isä on meille tuntematon tekijä. Hän on etäinen persoona, ja me kohtelemme häntä sellaisena. Karu totuus on, ettemme voi murtautua ulos palvelukeskeisestä kristillisyydestä, ennen kuin tunnemme Isän. Vasta omakohtaiseen kokemukseen perustuva suhde saa aikaan sen, etten enää ole palvelija vaan poika.

Ennen kuin vastaanotamme sydämeemme ilmestyksen Isästä, hän on meille kuin isäntä, käskijä ja tuomari. Niinpä kristillisyytemme on keskittynyt käskyjen noudattamiseen. Uskonelämämme on pääasiassa sitä, että kuulemme Jumalan äänen ja teemme, mitä hän sanoo. Jeesuksen kanssa meillä on yhteys, mutta Isä jää vieraaksi. Isä on etäinen ja tuntematon persoona, josta meillä on vain pään tietoa. Voimme jopa kuulla hänen äänensä, jos olemme oppineet kuulemaan sitä, mutta suhteemme on etäinen: hän on käskijä, jota meidän pitää totella. Koko hengellinen elämämme on keskittynyt käskyjen kuuntelemiseen ja niiden täyttämiseen. Totteleminen on keskeinen asia orvossa kristillisyydessä!

Mutta kun saamme kokemuksen hänestä Isänä, jokin muuttuu. Kuuliaisuuden sijaan keskitymme nyt harmoniaan, sopusointuun

Isän kanssa. Et voi olla sopusoinnussa sellaisen henkilön kanssa, jota et tunne, mutta kun opit tuntemaan hänet, jokin sinussa muuttuu. Enää ei olekaan tärkeää kuulla hänen käskyjään, vaan tärkeämpää on se, että hän on tyytyväinen sinuun ja sinä olet tyytyväinen hänen rakkaudessaan. Pelko ja velvollisuus karisevat pois. Hänen tahtonsa noudattaminen käskyjen pohjalta alkaa menettää meissä valtaansa ja alamme noudattaa hänen tahtoaan rakkaudesta. Vaistoamme, mistä hän pitää, ja haluamme tehdä sitä. Poika elää sopusoinnussa Isänsä kanssa.

Saanko sanoa jotakin, mikä voi järkyttää sinua! *Kuuliaisuus ei oikeastaan ole kristitylle pääasia.* Tämä saattaa järkyttää sinua, mutta tosiasia on, että Jumala ei oikeastaan halua, että vaellat kuuliaisena koko ikäsi. Miksi sanon näin?

Kuuliaisuus ei ole ehdotonta, se on suhteellista. Sillä on merkitystä vain silloin, kun emme halua tehdä sitä, mitä käsketään tai pyydetään. Kun joku käskee sinua tekemään sellaista, mitä et halua tehdä, nähdään, oletko kuuliainen. Jos sanoisin sinulle: "Haluan, että seisot pälläsi tunnin ajan", etkä haluaisi tehdä sitä, olisi kuuliaisuuden osoitus, jos kuitenkin tekisit niin. Se olisi pelkkää kuuliaisuutta, koska se ei antaisi mitään sinulle. Tekisit sen vain kuuliaisuudesta. Mutta jos sanoisin sinulle: "Menisitkö kauppaan ostamaan itsellesi jäätelön ja söisit sen?", se olisi eri juttu. Ei tarvittaisi kuuliaisuutta. Sinusta olisi hauskaa mennä kauppaan, ostaa jäätelö ja syödä se. Kuuliaisuudella on paikkansa vain, kun emme halua tehdä sitä, mitä pyydetään.

Tullessamme ensi kertaa Herran luo elämämme on kaukana siitä, mitä Jumala meille haluaa. Olemme täynnä maailman tapoja, ja kun sitten näemme, mitä Jumala meiltä edellyttää, ajattelemme: "Voi, en ole koskaan edes ajatellut tätä. Tehdäkseni noin minun

täytyy lakata tekemästä tätä. Okei, minun pitää nyt valita, ja kuuliai-
suudesta teen sen." Mutta kun aikaa kuluu ja pääsemme yhteyteen
Isän kanssa, hänen sydämestään tulee meidän sydämemme. Silloin
emme enää noudata hänen tahtoaan ollaksemme kuuliaisia, vaan
siksi, että meistä on hauska tehdä niin! Sen sijaan että tekisin
jotakin kuuliaisuudesta, teenkin sen pelkästä ilosta.

Hän on johtamassa meitä siihen, että teemme iloiten ihan mitä
tahansa, mitä hän pyytää meiltä. Jeesus sanoi: *Minulla on ruokaa,
josta te ette tiedä. – – Minun ruokani on se, että täytän lähettäjäni
tahdon ja vien hänen työnsä päätökseen.* (Joh. 4:32, 34) Jeesuk-
selle oli ilo täyttää Isänsä tahto. Se ravitsi ja vahvisti häntä niin
kuin ruoka fyysistä ruumista. Niin kauan kuin meissä on jäljellä
orpoutta ja langenneisuutta, kuuliaisuus on edelleen meille haaste.
Jokin osa meistä ei kaikissa asioissa haluaisi tehdä sitä, mitä Jumala
on pyytänyt tekemään, etenkään silloin kun olemme murtamassa
synnin ja lihan valtaa. Kuuliaisuudella on paikkansa, mutta hänen
lopullinen päämääränsä ei ole se, että olisimme kuuliaisia ikuisesti
tai edes tämän elämän ajan, vaan että sydämemme muuttuisi hänen
sydämensä kaltaiseksi. Nyt todella nautin tehdessäni sitä, mistä
hänkin nauttii. On kyse pikemminkin siitä, että toimin sopu-
soinnussa hänen kanssaan, kuin että toimin kuuliaisuudesta häntä
kohtaan.

Vain poika voi iloita miellyttäessään isää, sillä vain poika voi olla
isänsä kaltainen. Kun saamme pojan sydämen, jokin alkaa muuttua
sisimmässämme. Silloin elämä ei ole enää pelkkää kuuliaisuutta,
vaan olemme harmoniassa, sopusoinnussa hänen kanssaan.

Sen sijaan että varaisin erityisiä aikoja rukousta varten, huomaan
sydämeni olevan jatkuvasti yhteydessä hänen kanssaan. Ollessani
nuori uskova joku sanoi minulle: "Nyt kun olet uskossa, sinun

täytyy pitää hiljentymishetki joka päivä." Surullista oli, että siihen saakka olin rukoillut lähes koko päivän. Kun sitten tämä henkilö patisti minua erottamaan päivittäin tietyn ajan rukoukseen, saatoin aamupäivällä huomata: "Ai niin, en ole rukoillut vielä!" Aloin kiinnittää huomioni rukouksen harjoittamiseen ja menetin rukoilevan sydämen, joka minulla oli jo ollut. Minulle aiheuttivat ongelmia varsinkin ne ihmiset, jotka sanoivat, että John Wesley piti päivän ensimmäisen saarnansa viideltä joka aamu, ja siksi meidänkin tulisi nousta rukoilemaan yhtä aikaisin. He eivät kuitenkaan tienneet, että Wesley meni joka ilta nukkumaan jo kahdeksalta! Nämä ihmiset todella veivät minulta nuoren uskovan ilon ja vapauden yrittäessään ahtaa minut samaan muottiin.

Alkaessasi elää pojan elämää sinulle kehittyy rukoileva *sydän*, sen sijaan että sinulla olisi joka päivä hiljentymishetki ja järjestelmällisiä rukousaikoja. Itse asiassa Jumala ei oikeastaan halua pelkkiä rukoushetkiä. Jos hän haluaisi sinun pitävän hiljentymishetkiä ja jos se olisi todella hengellisyyden huipentuma, olisi aivan mahdotonta noudattaa Raamatun sanaa: "Rukoilkaa lakkaamatta." Siinä ei puhuta rukoushetkistä vaan sydämestä, joka on hänen läsnäolossaan koko ajan. Tällainen sydän pysyy jatkuvasti tietoisena hänestä ja on kaiken aikaa rukouksessa. Oppiessasi tuntemaan Isää huomaat ajattelevasi häntä, ja silloin sydämesi kurottautuu häntä kohti. Sinulle kehittyy rukoileva sydän. Eräs nainen sanoi minulle: "En halua enää pitää hiljentymishetkiä. Se ei vain kiinnosta enää. Olen menettämässä sitä kurinalaisuutta, joka minulla on ollut." Hän oli huolissaan siitä. Sanoin: "Ehkäpä olet vain pääsemässä vapaaksi laista." Hän oli vapautumassa hartaudenharjoittamisjärjestelmästä, jotta hänen sydämensä voisi olla kaiken aikaa herkkänä Jumalan suuntaan.

Alkaessani kokea Isän rakkautta huomasin Jumalassa yhden

tietyn asian: Jumala rakastaa sitä, että hänellä on meihin jokaiseen aivan ainutlaatuinen ja yksilöllinen suhde. Hän haluaa olla kanssasi juuri sinun persoonallisuuteesi sopivalla tavalla. Orpo kristillisyys tuntee aina painetta saada samanlainen suhde Jumalaan kuin joillakin suurilla johtajilla tai entisajan uskonsankareilla. Monet nuoret yrittävät ottaa mallia jonkun toisen hengellisyydestä. Olen huomannut, että minuun Jumala suhtautuu metsästäjänä, joka tulee Uuden-Seelannin vuorilta. En ole puhelias, kuten jotkut toiset. Vaeltelemme päiväkausia vuorilla puhumatta tuskin sanaakaan, kohotamme vain kulmiamme tai vaihdamme merkitsevän katseen. Jumala suhtautuu meihin inhimillisyytemme pienimpien yksityiskohtien mukaisesti. Olen oppinut tuntemaan oloni hyvin mukavaksi Herran läsnäolossa, ja hän kommunikoi kanssani juuri sen mukaisesti, kuka olen.

SAATANA ON MAAILMASSA LUVATTOMASTI — EMME ME!

On vielä yksi mielenkiintoinen ero orvon kristillisyyden ja poikana elämisen välillä. Monien mielestä varsinkin meillä kristityillä on tässä maailmassa vihollinen, joka on meille vakava ongelma, ja niinpä meidän on oltava koko ajan varuillamme. He ajattelevat suunnilleen näin: *Elämme vihollisen maailmassa, meidän on voitettava sota, on taisteltava ja kukistettava Saatana. Meidän täytyy ajaa hänet ulos, olemme sodassa. Olemme sotilaita armeijassa, on käytävä taisteluun, on kamppailtava ankarasti!*

Monilla on tällainen käsitys, ja silloin kuluu paljon aikaa hengellisen sodankäynnin oppimiseen. On olemassa paljon hengelliseen sodankäyntiin keskittynyttä opetusta ja aineistoa. Toistuvasti jää huomaamatta, että taistelu on jo ohi! Emme ole ainoastaan voittajia, olemme *enemmän* kuin voittajia. Emme elä taistelukentällä, elämme

Isämme rakkaudessa, ja *Saatana* on täällä luvattomasti, emme me! Luvaton oleskelu tarkoittaa, että joku on tunkeutunut alueelle, jossa hänellä ei ole oikeutta olla. Totuus on, että meillä on täysi oikeus olla maan päällä. Tämä maailma kuuluu Isällemme, ja me olemme täällä kotonamme.

Puhuin kerran erään pastorin kanssa matkustamisesta palvelutyössä. Hän kysyi minulta, olenko koskaan käynyt Amsterdamissa. Sanoin: "Kyllä, olen ollut siellä." Hän sanoi: "Voi, kuinka vihaan sitä paikkaa! Se on niin paheellinen kaupunki. Se on kaikkein pahin paikka maailmassa!" Ja hän jatkoi: "Kun minun täytyy käydä Amsterdamissa tai matkustaa sen kautta, maltan tuskin odottaa, että pääsisin pois sieltä! Se kaupunki on täynnä pahuutta!" Ajattelin itsekseni: *Olen käynyt Amsterdamissa monta kertaa, ja siellä on ollut ihan mukavaa. Denise ja minä olemme kulkeneet eri puolilla kaupunkia ja käyneet kanavaristeilyilläkin. Pidin siitä.* Niinpä kysyin, mitä mies tarkoitti sanoessaan, että hän vihasi sitä. Hän vastasi: "Siellä on joka sivukadulla huumeiden orjia, kaupoissa myydään huumeita, ikkunoissa näkyy prostituoituja. Se on vain niin täynnä pahuutta. Jotkin kaupat ovat täynnä demoneja!" Ajattelin itsekseni: *En ole varmaan ollut kovin herkkä huomaamaan, koska olen käynyt monissa kaupoissa enkä ole koskaan nähnyt niissä demoneja!*

Mennessäni seuraavan kerran Amsterdamiin mietin pastorin sanoja ja katselin vähän ympärilleni. Jonkin ajan kuluttua huomasin yhden kaverin istuvan sivukadulla. Mieleeni ei olisi ikinä juolahtanut, että hän voisi olla huumeidenkäyttäjä. Menin joihinkin kauppoihin ja huomasin hyllyillä tavaroita, joita en ollut huomannut ennen. Ajattelin: *Omituisia kapistuksia.* Sitten huomasin, että siellä voi ostaa marihuanaa kaupan hyllyltä. En ole naiivi. Tiedän, että joissakin paikoissa on prostituoituja ikkunoissa, mutta minä en huomannut yhtäkään. Se todellisuus, jossa minä elän, on tämä:

"Hän, joka on minussa, on suurempi kuin se, joka on maailmassa."

Meidän ei tarvitse pelätä vihollista. Meidän asiamme on olla lähellä Jumalaa, ja Jumala itse huolehtii näistä tilanteista, jos vain pysymme lähellä häntä. Jos kuitenkin uskot, että pystyt vain *juuri ja juuri* voittamaan demoneja, saat kokea mielenkiintoisia yhteenottoja, koska epäilyksesi antavat niille voimaa. Mutta kun uskot, että taistelu *on jo* voitettu ja että olet enemmän kuin voittaja hänessä, joka rakastaa sinua, sinulla on voittajan vapaus. Missä sitten oletkin, kuljet voittosaatossa kantaen Herran voittoasennetta sydämessäsi. Kuten 1. Joh. 4:17 sanoo: "Sellainen kuin hän on, sellaisia mekin olemme tässä maailmassa." Saatana ei ole meidän vihollisemme — me olemme *hänen* vihollisiaan!

Eräs mies sanoi minulle kerran: "Jos tunnet, että Paholainen hyökkää sinua vastaan, se johtuu siitä, että sinun vanhurskautesi todella ahdistaa häntä ja hän yrittää pitää puoliaan." Hän ei ole aloittanut sitä, vaan Kristuksen vanhurskaus sinussa saa hänet levottomaksi, ja hän puolustautuu. Ansaan joutunut villieläin alkaa käyttäytyä aggressiivisesti, mutta se johtuu siitä, että se on puolustuskannalla ja yrittää selviytyä. Tällainen Saatana on. Meidän asenteemme Jumalan lapsina on sen sijaan se, että tämä on *Isämme* maailma. Meidän kuuluu olla täällä, Saatanan ei kuulu!

Joitakin vuosia sitten puhuin Puolassa eräässä pienessä seurakunnassa. Tämä oli ensimmäinen käyntini Puolassa, ja olin saanut kutsun tulla puhumaan tähän muutaman sadan hengen seurakuntaan. Pastori oli nainen, mikä on melko epätavallista Puolassa. Se on hyvin katolinen maa, jossa suositaan vahvasti maskuliinisuutta seurakuntien johtamisessa. Pastorin täytyi hoitaa joitakin asioita, joten seisoin siinä yksinäni odottamassa kokouksen alkamista. Silloin huomasin vanhahkon naisen tulevan väkijoukon läpi suoraan minua kohti. Hänellä, niin kuin kaikilla muillakin, oli yllään paksu takki, koska huoneessa ei ollut lämmitystä. Hän tunkeutui ihmisjoukon läpi katse kiinnitettynä minuun. Katsoin häntä ihmetellen, mitä nyt tapahtuisi. Hän käveli aivan luokseni, löi minua olkapäälle ja sanoi: "En pidä sinusta!" Se oli lievästi sanottuna mielenkiintoista. Tiesin, ettei ollut kyse siitä, ettei nainen pitänyt minusta, olimmehan ventovieraita, ja sitä paitsi olen erittäin rakastettava! Tiesin, että tämän oli pakko olla jotakin muuta. Sanoin hänelle: "Miksi? Mikä hätänä?" Hän vastasi: "Tämä on minun seurakuntani, olen käynyt täällä koko ikäni. Sinä olet ollut täällä vasta viisi minuuttia ja näytät olevan enemmän kotonasi kuin minä olen koskaan ollut!" Hän oli loukkaantunut.

En oikein tiennyt, mitä olisin vastannut, mutta sanoin hänelle: "No, onhan tämä Isäni koti." Todellakin, Puola *on* Isäni maa. Se kuuluu hänelle. Itse asiassa jokainen maa kuuluu Isälleni. Älä tule liian kansallismieliseksi. Maailmanhistorian suurimmat kansakunnat ovat vain pölyhiukkasia ikuisuuden näkökulmasta. Olemme osa Jumalan valtakuntaa, mutta *tämä maailma* kuuluu Isällemme. Aikaisemmin etsin aina paikkaa, jonne tuntisin sopivani. Nyt sovin kaikkialle, koska kaikki kuuluu Isälleni, ja kaikkialla olen kotona. Tämä on Isämme maailma. Saatana se on väärässä paikassa. Emme saa koskaan langeta uskomaan, että hänellä olisi valtaa meihin tai jonkinlainen oikeus elämäämme.

Smith Wigglesworth oli yksi viime vuosisadan suurmiehistä. Hänen kauttaan tapahtui suuria ihmeitä ja tunnustekoja, ja hänellä oli hyvin läheinen suhde Herraan. Eräänä yönä hän heräsi, ja itse Saatana seisoi hänen vuoteensa jalkopäässä. Ei joku demoni vaan itse Saatana! Luulen, että hän oli siihen aikaan sellainen mies, johon Saatanalla oli aihetta kiinnittää huomiota. Hän heräsi, nosti katseensa, ja siinä oli Saatana. Mitä hän teki? Hän sanoi: "Ai, sinähän se vain oletkin!" Sitten hän käänsi kylkeä, jatkoi uniaan ja jätti Saatanan seisomaan siihen. Hän ei nuhdellut häntä, ei ajanut häntä ulos eikä mitään sellaista, sanoi vain: "Sinähän se vain oletkin!" Tehokkain tapa on jättää hänet täysin huomiotta.

Meillä on voitto, jonka Kristus on ansainnut meille ristillä. Jos uskomme, että olemme jatkuvasti Jeesuksen veren suojassa, ei ole mitään tarvetta julistaa sitä koko ajan. Riittää, että uskot siihen ja vaellat siinä! Jatkuva tarve julistaa sitä paljastaa vain sen, että epäilet sitä. Meidän uskomme on se voitto, joka voittaa maailman, mutta jos uskot, että olemme taistelussa, saat myös kokea taistelua. Meille tapahtuu uskomme mukaan. Orpo sydän jää kiinni tällaisiin asioihin. Kun alat nähdä Isän kaikkivaltiutta, vihollisen auktoriteetti alkaa heikentyä.

Tunsimme erään naisen, joka oli esirukoilija ja oli mukana hengellisessä sodankäynnissä monta vuotta. Sitten hän kohtasi Isän, ja kun aikaa kului, hän alkoi huolestua itsestään. Hän sanoi meille: "Kohdattuani Isän en ole enää kiinnostunut esirukouksen harjoittamisesta sillä tavoin kuin ennen." Tahdon tehdä selväksi, etten ole esirukousta enkä hengellistä sodankäyntiä vastaan. Meilläkin on esirukoilijoita, jotka rukoilevat palvelutyömme puolesta. Korostan tässä nyt tiettyä asiaa. Tämä nainen sanoi, että hengellinen sodankäynti ei enää kiinnostanut häntä *sillä tavoin kuin hän oli ennen sitä harjoittanut.* Hän sanoi: "Jospa olen menettämässä intoni tähän tehtävään." Sanoin hänelle: "Mielestäni olet ehkä vain kasvamassa uskossa. Ehkä olet kasvamassa suurempaan ymmärrykseen siitä, kuka olet kaikkivaltiaan Jumalan tyttärenä." Meidän tehtävämme esirukoilijoina on yksinkertaisesti vain seistä. Ylipappi Joosua teki niin Sakarjan kirjassa (Sak. 3:1–5). Saatana seisoi hänen vieressään syyttämässä häntä, mutta Joosua vain seisoi siinä, ja Herra nuhteli Saatanaa. Haluan sanoa sinulle, että jos olet Isän läsnäolossa, saat huomata, että Saatanaa on *jo* nuhdeltu.

VAPAANA LAEISTA JA PERIAATTEISTA VAELTAMAAN HENGESSÄ

On vielä yksi asia, joka muuttuu, kun opimme tuntemaan Isän. Orpo sydän meissä kristityissä rakastaa lakeja. Koska emme ole rakkauden johdatuksessa, yritämme löytää toisenlaisia tapoja. Etsimme ohjeita, joiden mukaan voisimme elää kristittyinä. Monissa kirjoissa on nykyään lukujen lopussa esitetty askeleita, joita ottamalla voi toteuttaa juuri lukemiaan asioita. Aiemmin luin jokaisen kristillisen kirjan, jonka vain sain käsiini, mutta nyt en pääse Raamatun ohi. Siinä on aivan tarpeeksi ilmestystä käsiteltäväksi; muilla kirjoilla ei ole niin väliä.

Kristillisyydessämme korostetaan paljon vaeltamista Jumalan periaatteissa. Muistan sen pienen seurakunnan, jossa tulimme uskoon. Siellä vaikutti aivan ihana Hengen liike. Joka kokouksen aluksi joku vanhimmista kutsui Pyhää Henkeä tulemaan, ja sitten hän istuutui. Kukaan ei tehnyt mitään, ennen kuin Pyhä Henki teki aloitteen. Pyhän Hengen läsnäolo oli niin voimakas, että jos olisimme nousseet seisomaan tehdäksemme jotakin, mikä ei tullut Hengestä, polvemme olisivat tärisseet, äänemme olisi värissyt, ja olisimme kaatuneet maahan. Pyhän Hengen läsnäolo oli äärimmäisen voimakas ja ilmiselvä. Sitten eräänä päivänä — muistan sen aivan selvästi — eräs mies nousi puhumaan aiheesta *Jumalan periaatteissa eläminen*. Kuunnellessani sitä tiesin sydämessäni, että Hengen liike oli ohi. On kyllä *olemassa* Jumalan periaatteita, mutta me emme elä niissä. Elämme niiden *mukaisesti*, mutta emme niissä emmekä niiden johdattamina.

Me elämme Hengessä, ja Henki johtaa meitä *aina* Herran tietä.

Pyhä Henki ei koskaan johda meitä sivuun Herran teiltä, mutta haluan tehdä tämän hyvin selväksi. Pelkästään se, että elät siinä, mikä Raamatun mukaan on oikein, ei automaattisesti tarkoita, että vaellat Hengessä. Tässä pätee sama kuin matematiikassa: $1 + 1 = 2$, mutta 2 ei aina ole $1 + 1$. Loputon määrä laskutoimituksia voi antaa tulokseksi 2, mutta $1 + 1$ ei ole koskaan muuta kuin 2. Hengessä vaeltaminen ohjaa sinua aina Jumalan sanan mukaan, mutta Jumalan sanan totteleminen ei tarkoita, että vaeltaisit Hengessä. On ratkaisevan tärkeää ymmärtää tämä asia. Orpoudessamme on jotakin, mikä saa meidät aina haluamaan sääntöjä ja selvästi määriteltyjä käyttäytymistapoja: tee näin, älä tee noin! Orpoudessamme olemme todella peloissamme, ellei meillä ole tarkkaan määrättyjä rajoja siinä, miten pitää käyttäytyä. Tahdomme tietää, mitä saamme ja mitä emme saa tehdä.

Orpo kristitty kohdistaa aina huomionsa siihen, missä kulkee raja — mikä on luvallista ja mikä ei. Mutta Jumala ei tahdo, että tekisimme näin. Hän tahtoo vapauttaa meidät. Kun tulemme tuntemaan Isän rakkauden ja kun hänen rakkautensa todellisuus kasvaa meissä, huomaamme, että voimme elää rakkauden lain mukaan eikä mikään laki ole sitä vastaan. Jos elät rakkaudessa, et tarvitse minkäänlaisia rajoja ympärillesi. Miksi? Jos rakastat, *täytät* lain. Jumalan laki on se, että hän on laittanut rakkautensa meidän sydämiimme, jotta tämä rakkaus jatkuvasti johtaisi meitä. Jumala on henki, ja hän elää rakkaudessa. Nämä kaksi asiaa tarkoittavat samaa. Näin on myös meidän kohdallamme. Kun hänen rakkautensa täyttää meidät Pyhän Hengen kautta, se ohjaa meitäkin elämään rakkaudessa.

Ensimmäisen Korinttilaiskirjeen 14. luvun ensimmäisessä jakeessa sanotaan (engl. RSV-käännöksen mukaan): "Tehkää rakkaudesta suuri päämääränne." Kun rakkauden laki ohjaa elämäämme, kaikista yrityksistä Jumalan periaatteiden noudattamiseksi tulee pikkumaista ja typerää. Joskus se on todella silmiinpistävän typerää! Olen iloinen, jos jokainen ihminen maailmassa kuulee minun sanovan tämän! Jumala kutsuu meitä vaeltamaan niin kuin Jeesus vaelsi, ja silloin täytämme lain. Jos vaellan rakkaudessa, en varasta sinulta. Se ei johdu ensisijaisesti siitä, että varastaminen on väärin tai että pelkään seurauksia. Syy siihen, etten varasta omaisuuttasi, on se, että *rakastan sinua*. Se motivoi minua noudattamaan lakia — ei se, että se on Jumalan laki ja että on oikein olla varastamatta. Voin vakuuttaa, että tuomioistuimissa hyvin harvat ihmiset ovat täynnä rakkautta niitä ihmisiä kohtaan, joita vastaan he ovat tehneet syntiä!

Kun rakastat, noudatat automaattisesti lakia. Olet ystävällinen, lempeä, kärsivällinen, pitkämielinen, olet täynnä iloa ja olet vapaa.

OMAVANHURSKAUDESTA
AITOON PYHYYTEEN

Orpo kristitty keskittyy kovasti siihen, että hän yrittää olla pyhä. Nykyään puhutaan paljon pyhyydestä. Siitä on olemassa paljon laulujakin. Tiedätkö, mitä pyhä tarkoittaa? Se tarkoittaa yksinkertaisesti 'eri kuin'. Yleensä ajatellaan, että pyhyys on sitä, että tehdään asiat aina oikein ja eletään moitteettomasti. Itse asiassa pyhä tarkoittaa sellaista, mikä eroaa maailmasta, on erilainen kuin maailman järjestelmä. Koska Jumala on pyhä, se tarkoittaa, ettei häntä voida mitata millään tämän maailman mitoilla. Hän eroaa kaikesta täällä olevasta.

Tosiasiassa pyhyyttä on hyvin vaikea määritellä, koska vain Jumala on pyhä. Kuitenkin hän käskee meidän olla pyhiä, ja siksi keskitymme orpoudessamme kovasti siihen, että yritämme tulla pyhiksi. Mutta kun meistä tulee poikia, se ei enää merkitse niin paljon. En näet ole niin keskittynyt olemaan pyhä, vaan haluan olla sellainen kuin Isäni. Haluan rakastaa kuten hän, ajatella kuten hän, toimia kuten hän ja tuntea kuten hän. Hänen poikanaan haluan nähdä niin kuin hän näkee ja ymmärtää niin kuin hän ymmärtää. Haluan tulla juuri sellaiseksi kuin hän. Kun Raamattu sanoo: "Olkaa pyhät, sillä minä olen pyhä", se oikeastaan tarkoittaa: "Sinusta tulee pyhä, koska minä olen pyhä. Kun tulet lähemmäs minua, minun pyhyyteni tulee elämääsi!" Vanhurskaus ei ole mitään, mitä teemme. Vanhurskaus on lahja. Ensimmäisen Korinttilaiskirjeen ensimmäisen luvun jakeen 30 mukaan Jeesus Kristus on tullut meille vanhurskaudeksi Jumalalta. Hän on tullut meille vanhurskaudeksi *ja* pyhitykseksi. Tullessamme hänen kaltaisikseen tulemme pyhiksi.

Poika ei yritä uskonnollisesti olla vanhurskas ja pyhä vaan haluaa olla sellainen kuin hänen Isänsä. On pikemminkin kyse kaipauksesta olla Isän kaltainen kuin synnin välttämisestä. On todella murheellista, että monet ihmiset ovat taistelleet koko elämänsä yrittäessään lakata tekemästä syntiä. Mitä enemmän taistelet syntiä vastaan, sitä vahvemman otteen se saa elämässäsi. Mihin keskityt, sellaiseksi tulet. Se on kuin juoksuhiekka: mitä enemmän kamppailet vapautuaksesi siitä, sitä syvemmälle siihen uppoat. Sama tapahtuu taistellessasi vihollista vastaan. Mitä enemmän keskityt taistelemaan, sitä suuremmalta vihollinen näyttää ja sitä vahvemmaksi hän tulee kielteisissä uskomuksissasi. Herran tavoitteena ei ole, että yritämme taistella syntiä vastaan. Tietenkin uskon, ettei syntiä pidä tehdä, mutta todellinen ratkaisu ei ole sen vastustaminen. Todellinen ratkaisu on antautua Jumalalle ja saada kaipaus olla hänen kaltaisensa. Sen sijaan, että koetat päästä eroon kielteisestä, rakennat myönteistä. Myönteinen jättää lopulta varjoonsa kielteisen.

TUOMIOSTA ARMOON

Yksi orvon sydämen aiheuttama iso ongelma on se, että ihminen kuvittelee omien vikojensa olevan syynä siihen, etteivät muut pidä hänestä. Hänen ensi reaktionsa on: "Se on minun vikani. Ongelma olen minä." Niinpä ihminen, jolla on orvon sydän, yrittää usein kätkeä vikojaan tai näyttää iloista naamaa. Hän pitää yllä naamiota, joka näyttää hänet sellaisena kuin hän haluaisi muiden silmissä olla.

Tällainen ajattelutapa tekee vioista vihollisen. Itse asiassa niistä voi tulla hyvin vakava vihollinen. Ajattelemme näin: *Jos voisin päästä eroon vioistani, kaikki rakastaisivat minua.* Ongelmana vain on se, ettemme voi päästä niistä eroon. Voimme piilottaa ne tai elää niin, etteivät ne näy. Uskomme, että vikamme estävät meitä saamasta tarvitsemaamme rakkautta. Mutta kun opimme tuntemaan Isän rakkauden, tapahtuu jotakin ihmeellistä. Viat eivät olekaan pahin vihollisemme, vaan ne menettävät merkityksensä.

Mitä enemmän opimme tuntemaan Isää, sitä pienempi ongelma vioista tulee. Voimme jopa kerskata heikkouksistamme. Kristitty, jolla on orvon sydän, piilottaa heikkoutensa. Näin ollen myös johtajat, joilla on orvon sydän, eivät anna kenenkään seurakuntalaisen oppia tuntemaan heitä, koska nämä saattaisivat löytää heikkouksia. Eräs johtaja sanoikin minulle: "Jos he näkevät inhimillisyytesi, he ymmärtävät, että olet ihan tavallinen, ja menetät auktoriteettisi!" Orvolle kristitylle heikkoudet ovat ongelma. Jos osoitat heikkoutta, sinut rusennetaan kuin olisit jäänyt tiilikasan alle!

Olen huomannut jotakin. Kun ihmiset eivät voi olla armollisia jonkun vikojen suhteen, se johtuu siitä, että he peittelevät omia vikojaan. Seurakunnassa on yleisesti vallalla sellainen asenne, ettemme saa sallia vikoja. Meillä ei saa olla vikoja, ja jos sinulla on sellainen, se on yhtäkkiä valtavan iso asia. Mutta kun sinusta tulee vapaa vikoinesi päivinesi ja voit tunnustaa ne, saat olla oma itsesi. Sinun ei tarvitse yrittää olla arvovaltainen, sinun ei tarvitse yrittää olla johtaja, sinun ei tarvitse yrittää olla yhtään mitään. Vaellat vain Jumalan kanssa ja katsot, mitä hän tekee. Ongelmia syntyy silloin, kun sinulla on orvon sydämen halu olla tärkeä tai vain tarve olla rakastettu. Mutta Isän rakkauden kokeminen täyttää kaikki tarpeet olla tärkeä tai tehdä tärkeitä asioita. Kun Isän rakkaus täyttää sinut ja virtaa ylikin, se tekee tärkeitä asioita aivan itsestään.

Orpo kristillisyys saarnaa vapautta, vaikka todellisuudessa eletään orjuudessa. Saarnataan armoa, mutta eletään lain alla. Siihen se vääjäämättä johtaa. Sitä vastoin henkilö, joka on todella vapaa, on uskomattoman pelottava. Mieti tätä hetken aikaa! Luulen, että opetuslapset kulkivat Jeesuksen seurassa pelosta jäykkinä, koska heillä ei ollut aavistustakaan siitä, mitä hän tekisi seuraavaksi. Hän sanoi tyrmistyttäviä asioita fariseuksille ja saddukeuksille, mutta hän pystyi herättämään kuolleita, joten he eivät voineet hänelle mitään. Jumala voi tehdä mitä vain. Hän on täysin vapaa. Se on valtavan pelottavaa!

Elämme aikaa, jolloin Jumalan isänrakkaus on valtaamassa meidät läpikotaisin. Kaikkialla seurakunnissa alamme nähdä Isän rakkauden tulevan ihmisten sydämiin. Kaipaan sitä päivää, jolloin kaikki Jumalan profeetat ja apostolit ovat täynnä Isän rakkautta, jolloin kaikilla hänen pastoreillaan on isällinen, ei kunnianhimoinen sydän, niin että he ovat aidosti isiä ja äitejä tämän maailman ihmisille. Orpous perustuu väärään puuhun. Siinä yritetään aina tehdä suunnitelmia, jotta voitaisiin miellyttää Jumalaa tai tehdä vaikutus häneen. Orpous *on* hyvän ja pahan tiedon puu. Kun alat tajuta, että maailmankaikkeuden Luoja on aivan tyytyväinen sinuun ja rakastaa sinua juuri sellaisena kuin olet, vapaudut kaikkien muiden odotuksista. Vapaudut myös omista odotuksistasi sen suhteen, mitä sinun pitäisi olla. Vapaudut lepäämään aivan varmana Jumalan rakkaudesta, joka täyttää sydämesi ylitsevuotavasti.

125

~

Aito kristillinen luonne

Pian uskoontulomme jälkeen Denise ja minä aloimme kuulla opetusta, jossa korostettiin voimakkaasti kristillisen luonteen kehittämistä. Tämä oli varsin ymmärrettävää sen seurakunnan johtajien kannalta, jossa olimme mukana. Seurakunnassa oli ollut herätys, ja sen jäsenmäärä oli kasvanut hyvin nopeasti. Lyhyessä ajassa se oli kasvanut noin kolmestakymmenestä hengestä yli tuhanteen. Useimmat uudet jäsenet olivat juuri tulleet uskoon, ja monilla heistä oli lievästi sanottuna sotkuinen tausta. Sen vuoksi seurakunnan johdon harteilla oli suuri vastuu. Voit kuvitella, miltä sinusta tuntuisi olla seurakunnan johtajana, kun sinne yhtäkkiä tulvisi valtava määrä vasta uskoontulleita. Jossakin vaiheessa olisit lopen uupunut yrittäessäsi saada heidän elämäänsä järjestykseen, ja niin alkaisit saarnata periaatteista, jotka saisivat ihmiset muuttumaan nopeammin. Huolimatta mahtavasta Hengen liikehdinnästä seurakunnassa oli silti hyvin tiukat odotukset sen suhteen, miten kristityn kuuluu käyttäytyä. Sen vuoksi lakihenkisyys pääsi tunkeutumaan keskelle valtavaa Hengen liikettä. Siihen aikaan tapahtui epätavallisia asioita Hengen voimasta, esimerkiksi kolmekymmentä ihmistä saattoi saada yhtä aikaa saman näyn Herralta. Tapahtui myös lukuisia ihmeparantumisia, ja monet, joilla oli rankka tausta, tulivat uskoon.

Ymmärrän täysin tuon seurakunnan johtajien kamppailun heidän yrittäessään tehdä opetuslapsia uusista käännynnäisistä, joiden elämä täytyi saada "siivottua". Voitelun taso oli erittäin vahva, ja siksi eräs sanonta tuli hyvin suosituksi. Se on hyvin tunnettu sanonta monissa seurakunnissa ympäri maailmaa. Se kuului näin: "Emme halua, että ihmisillä on enemmän voitelua kuin luonnetta." Toisin sanoen: sinun on kehitettävä vahva kristillinen luonne, koska ellet tee niin, voitelusi sivuuttaa luonteesi, ja luonteesi pettäessä tuotat huonoa mainetta seurakunnalle. Seurakunnissa keskitytään vielä tänäkin päivänä vahvasti kristityn *luonteeseen*.

OMAVANHURSKAUS

Kerron joitakin esimerkkejä siitä, mitä meille opetettiin aiheesta "hyvä kristillinen luonne". Yhteinen otsikko tälle kaikelle on "periaatteen ihminen" eli henkilö, joka noudattaa tinkimättä Jumalan vanhurskaita periaatteita. Niitä ovat esimerkiksi rehellisyys, suoraselkäisyys, säästäväisyys, hyvä taloudenhoito, järkevyys raha-asioissa, seksuaalinen puhtaus, varovaisuus ja harkitsevuus. Neuvoksi annettiin: "Älä ikinä ryntää tekemään mitään. Ajattele aina tarkoin, ennen kuin toimit. Älä kuluta enempää kuin on tarvis. Loppujen lopuksi raha on Herran, ja sinä olet vain taloudenhoitaja." Sinun on siis yritettävä tehdä paras mahdollinen kauppa. Osta aina tarjoushinnalla. Älä aja liian pramealla autolla. Älä koskaan mene äärimmäisyyksiin, ole keskitien kulkija. Ole tarkkana, ettet koskaan tee asioita, joita voidaan arvostella. Ole huolellinen ja tee oikea päätös. Yksi muotisana näissä piireissä oli "harkitsevuus". Meitä neuvottiin olemaan harkitsevia eli toimimaan aina tunnettujen tosiasioiden pohjalta. Lyhyesti sanottuna neuvoksi annettiin: älä ikinä ota riskiä äläkä elä sydämestäsi käsin.

Minun ongelmani oli, että kuullessani ihmisten puhuvan tällä tavoin en voinut olla ajattelematta, etten kuuna päivänä halua tulla tällaiseksi! Tunsin, että minut yritettiin sulloa muottiin, johon en halunnut mennä. Halusin olla vapaa. Halusin elää elämääni spontaanimmin.

Itse asiassa minulla ei ole minkäänlaista halua olla liian säästäväinen. On hämmästyttävää, kuinka huono maine kristityillä on maailmassa liiallisen säästäväisyyden takia. Olen kuullut esimerkkejä siitä, että tietyt ravintolat eivät halua palvella kristittyjä, koska he eivät anna tarjoilijoille juuri ollenkaan palvelurahoja. Kristityt ovat kohtuuttoman säästäväisiä ja saitoja, ja tunnetusti huonoja antamaan palvelurahoja ravintolahenkilökunnalle. He antavat pienimmän mahdollisen summan. Minulla on tapana ravintolassa syödessämme antaa enemmän kuin odotetaan. En usko, että liiallinen säästäväisyys on kristityn luonteenpiirre. Tosiasiassa uskon, että runsas anteliaisuus kuuluu kristilliseen luonteeseen. Jumala on ollut meille ylen määrin antelias. Hän on antanut enemmän kuin olisimme koskaan osanneet odottaa. Hän antoi meille Poikansa. Hän antoi elämänsä meidän puolestamme.

Pohjimmiltaan tämäntyyppinen "kristillinen luonne" ei ole mitään muuta kuin *omavanhurskautta*, joka perustuu vain siihen, minkä *minä* uskon olevan oikein ja parasta tehdä.

Jos alat elää "kristillisten periaatteiden" mukaan, sinun on kysyttävä itseltäsi, minkä periaatteiden mukaan aiot elää. Mitkä periaatteet ovat etusijalla jollakin tietyllä hetkellä? Pitäisikö sinun jossakin tietyssä tilanteessa olla säästäväinen vai antelias? Mikä periaate toimii tässä? Teemme päätöksen itse, sen sijaan että noudattaisimme Jumalan rakkauden yllykkeitä. Päätämme noudattaa periaatetta, sen sijaan että antaisimme rakkauden määrätä toimiamme. Jos kerran rakkauden tulisi olla elämämme perusta, niin eläminen oikean periaatteen mukaan on paluuta syömään väärästä puusta: mitä juuri nyt olisi hyvä tehdä, ja mikä on se paha asia, jota pitäisi välttää? Meidän ei ole tarkoitus elää niin, että arvioimme vajavaisella ymmärryksellämme, mitä periaatetta kunakin hetkenä pitäisi käyttää. Meidän on elettävä niin, että Henki, joka on Jumalan luonne ja rakkaus sisimmässämme, saa johdattaa meitä.

Kysymys "hyvästä taloudenhoidosta" on ollut ja on edelleen iso ongelma Kristuksen ruumiissa. Se antaa täyden luvan olla ahne ja rahanhimoinen ja pitää tiukasti kiinni omaisuudestaan. Se antaa luvan varmistaa, että pidämme parhaat palat itse ja olemme hyvin varovaisia antamaan mitään ylimääräistä. "Hyvän taloudenhoidon" mukaan on itse asiassa syntiä antaa enemmän kuin on varaa. On väärin antaa liikaa. Hyvä taloudenhoito rajoittaa antamaan vain siitä, mitä on jäänyt jäljelle, kun olemme täyttäneet kaikki velvollisuutemme. Voimme antaa vain käytettävissä olevista tuloistamme. Kun paneudumme tähän kunnolla, huomaamme, että Raamatussa yhä uudelleen tuomitaan tällainen asenne. Toisen Samuelin kirjan 24. luvun jakeesta 24 luemme kuningas Daavidin sanat jebusilaiselle Araunalle: "Ei, minä ostan sinulta kaiken täydestä hinnasta. Minä en uhraa Herralleni ja Jumalalleni *ilmaiseksi saatuja* polttouhreja (*sellaista, mikä ei maksa minulle mitään*, engl. NKJV-käännös)." Kun Denise ja minä luimme tämän kohdan, päätimme, ettemme halua antaa Herralle vain liiastamme. Haluamme antaa Herralle sellaista, mikä on maksanut meille jotakin. Jos annat ainoastaan liiastasi etkä "hyvän taloudenhoidon" nimissä koskaan tee toisin, se on vastoin Hengen johdatusta liikuttaessa yliluonnollisen uskon ulottuvuudessa.

Köyhä leskivaimo, joka laittoi kaksi ropoaan temppelin uhriarkkuun, ei antanut rahallisesti mitattuna paljon. Rahasumma oli hyvin pieni, mutta hän antoi kaiken, mitä hänellä oli. Kaikista

niistä ihmisistä, jotka milloinkaan ovat antaneet rahaa uhrilah-
joihin, Jeesus nostaa esiin hänen tarinansa, ja se on tallennettu
Raamattuun. Eikö olekin mielenkiintoista? "Hyvän taloudenhoi-
don" periaatteiden mukaan tuo köyhä leski toimi väärin! Jokin
tässä leskessä, joka antoi kaiken omistamansa, muistuttaa Jumalan
sydäntä, joka myös antoi kaikkensa. Roomalaiskirje 8:32 tuo esiin
tämän: "Kun hän ei säästänyt omaa Poikaansakaan vaan antoi
hänet kuolemaan kaikkien meidän puolestamme, kuinka hän ei
lahjoittaisi Poikansa mukana meille kaikkea muutakin?" Koska hän
on antanut parhaansa, hän ei halua pidättää meiltä muutakaan.

Todellinen kristityn luonne on itse asiassa Jumalan oma luonne,
joka on laitettu meihin, jotta tulisimme hänen kaltaisikseen.
Sellaiset asiat kuin varovaisuus, harkitsevuus, säästäväisyys ja mal-
tillisuus ovat kaikki itse määriteltyjä, eli minä päätän oman arvioin-
tini perusteella, mikä on oikea tapa elää.

Olen usein huomannut, että vieraileville puhujille maksetaan
pienin mahdollinen palkkio. Monet seurakunnat ovat olleet meille
hyvinkin anteliaita, mutta liian usein seurakunnat muualla har-
joittavat "säästäväisyyttä" ja pidättyvyyttä palkkion maksamisessa.
Jumalan sydän ei ole tällainen. Monet seurakunnat keskittyvät
antamaan pienimmän summan, jolla selviävät tilanteesta. Omasta
puolestani haluaisin mieluummin antaa liikaa kuin liian vähän.
Uskon, että se on lähempänä Jumalan todellista sydäntä. Vertausta
Luukkaan evankeliumin luvussa 15 sanotaan "tuhlaajapoikaver-
taukseksi", mutta se on ennemminkin kertomus "tuhlaajaisästä".
Tässä kertomuksessa *isä* oli ylen määrin antelias. Kyse ei niinkään
ollut pojasta, joka tuhlasi liikaa, vaan isästä, joka rakasti liikaa —
jos niin voidaan sanoa. Antaisin jollekulle mieluummin enemmän
kuin hän osaa odottaa.

Todellinen kristityn luonne ei tarkoita sitä, että ollaan "hyviä taloudenhoitajia" siinä mielessä, että pidätellään antamisessa tai kuluttamisessa. Se tarkoittaa sellaista hyvää taloudenhoitoa, että annetaan *enemmän* kuin olisi tarpeen, koska juuri sellainen Jumalan luonne on. Tunnemme "kristillisen luonteen" sellaisena kuin se ilmenee väärän puun mukaan. Se on meille hyvin tuttu hyvän ja pahan tiedon kautta. Mutta miltä kristityn luonne näyttää Isän rakkauden näkökulmasta? Kuinka Isän rakkaus näkyy pojan ja tyttären elämässä? Kuinka hän haluaisi meidän elävän elämäämme?

Haluan tutkia joitakin asioita, joiden uskon olevan perustana sille, mitä kristillinen luonne todella on. Nämä ovat asioita, joihin Isän rakkaus meidät johtaa. Ne ovat Isän rakkauden tuottamia hedelmiä.

VÄLINPITÄMÄTTÖMYYS MAINEESTA

Aluksi katsomme asiaa, joka oli merkittävä ominaispiirre Jeesuksen elämässä. Se on **täydellinen välinpitämättömyys omasta maineesta**. Ensimmäinen asia, mitä Jeesus teki tullessaan maan päälle, oli se, että hän jätti taivaan kirkkauden ja tuli ihmiseksi. Hän luopui kunniastaan ja maineestaan tullakseen maan päälle, ja ollessaan täällä hän ei ollut vähääkään kiinnostunut mistään sellaisesta, mikä olisi tuonut hänelle mainetta. Kun ihmiset yrittivät tehdä hänet kuninkaaksi, hän väistyi heidän keskeltään. Hän pakeni kansanjoukkojen liehakointia ja etsiytyi autioon paikkaan. Kun hänet ristiinnaulittiin, hänet tosiasiassa luettiin rikollisten joukkoon. Hän kuoli alastomana ristillä. Hän ei kuollut vaatekappale vyötäisillään, kuten keskiajan taiteilijat ovat hänet kuvanneet säästäkseen sponsoreitaan punastumiselta. Ei! Hänet riisuttiin alastomaksi, ja hän riippui ristillä kaikkien katseltavana. Hän otti päälleen häpeän. Voimme katsoa tätä ajatellen, että hän kärsi häpeän puolestamme, jotta meidän ei tarvitsisi kärsiä siitä. Näin ei ole! Hän teki niin ollakseen esimerkkinä meille. Niin kuin hän eli maailmassa, niin meidänkin tulee elää (1. Joh. 2:6).

Jeesus on osoittanut meille, miten tulee elää. Hän on Jumalan Poika, ja me alamme oppia olemaan isoveljemme Jeesuksen kaltaisia Jumalan poikia. Aikaisemmin ajattelin, että Jeesuksen herraus elämässäni tarkoittaa sitä, että hän on päällikköni ja että minun tulee totella, mitä hän sitten käskeekin minua tekemään. Kun hän huutaa käskyn, minun pitää ottaa asento ja juosta täyttämään käsky. Olen sittemmin huomannut, ettei se tarkoita aivan tätä. Hän *on* kuningas, mutta me emme ole kansalaisia emmekä alamaisia kuningaskunnassa. Koska olemme hänessä (joka on esikoinen monien veljien ja sisarten joukossa), olemme kuninkaallisen perheen jäseniä. Kaikkien Jeesuksen asenteiden tulee hallita meidän asenteitamme. Meidän on tultava hänen *kaltaisikseen*. Puhe Jeesuksen herraudesta tarkoittaa sitä, että kaiken sen, mitä hän on, tulee määritellä kaikki se, millaisiksi me tulemme. Kaiken sen minussa, mikä ei ole hänen kaltaistaan, tulee alistua hänelle. Minun tulee elää samojen arvojen mukaan kuin hän.

Kun Jeesus sanoo: "Minä olen tie, totuus ja elämä. Ei kukaan pääse Isän luo muuten kuin minun kauttani", hän ei tarkoita ainoastaan, että hänen kuolemansa ristillä on avannut meille tien tulla rohkeasti Isän eteen. Hän sanoo: "*Minä* olen tie." Toisin sanoen: jos haluat tulla Isän luo ja tuntea hänet syvemmin, elä niin kuin minä elän! Juuri näin hän elää, ja tällaisen henkilön kanssa Isä mielellään seurustelee.

Isä seurustelee sellaisen henkilön kanssa, joka on luopunut omasta maineestaan. Jos haluat saavuttaa mainetta ja haluat toisten kunnioittavan sinua, siitä tulee este läheiselle suhteelle Isäsi kanssa.

Kun Jeesus sanoi: "Minä olen tie", hän tarkoitti myös tätä: "Tulkaa sellaisiksi kuin minä!"

Jeesus luopui omasta maineestaan ja vielä enemmänkin: hän valitsi jatkuvasti sellaisen tien, joka johti maineen tuhoutumiseen. Matkustaessani joudun kohtaamaan saman asian hyvin mielenkiintoisella tavalla. Minulla on ollut tilaisuus tavata joitakin huomattavia johtajia aikamme kristillisissä piireissä. Olen ollut kokouksissa joidenkin varsin vaikutusvaltaisten henkilöiden kanssa. Olen saanut puhujakutsuja sellaisiin paikkoihin, että jos minut hyväksytään siellä, se voi avata minulle tulevaisuudessa suuria mahdollisuuksia palvelutehtävässäni.

Muistan, kun olin puhumassa Aasian suurimpiin kuuluvan seurakunnan johtajille. Tämän seurakunnan jäsenmäärä oli kymmeniätuhansia, ja puhuin noin seitsemällekymmenelle heidän avainjohtajalleen. Seisoessani heidän edessään mieleeni tuli ajatus: *Jos nyt pärjään hyvin täällä...*, ja aloin kuvitella, mitkä ovet voisivat mahdollisesti avautua minulle. Sitten minulle tuli ajatus: *Mitkä ovat vaihtoehdot? Saarnaanko sitä, mitä tiedän heidän haluavan kuulla, jotta pääsen puhumaan kahdentoistatuhannen hengen seurakuntaan?* Onneksi tämä tapaus sattui hiljattain ja olin hyvin tietoinen ongelmasta, joka liittyy maineen tavoittelemiseen, joten se ei ollut minulle kovin vakava kiusaus — mutta nämä ajatukset kuitenkin *tulivat* mieleeni.

Vielä toinen mahdollinen tilanne. Istun päivällisellä joidenkin ihmisten kanssa, jotka ovat tunnettuja nimiä aikamme kristikunnassa, ja minulle tulee kiusaus ajatella, että jos teen myönteisen vaikutuksen, minulle saattaa aueta tiettyjä mahdollisuuksia. Kun he järjestävät konferenssin, he saattavat kutsua minut yhdeksi pääpuhujaksi!

Mitä enemmän tunnet, että Isä rakastaa sinua, sitä vähemmän kärsit ihmispelosta. Sinun ei tarvitse enää arkailla, koska sillä, mitä ihmiset sinusta ajattelevat, on yhä vähemmän merkitystä. Jos jollakulla on kielteinen mielipide, voit antaa hänelle vapauden pitää mielipiteensä ja kuitenkin olla vapaa, koska tunnet valtavana Isän rakkauden sinua kohtaan. Kun joku niin ihana kuin hän rakastaa minua, miksi kiinnittäisin huomiota johonkuhun, joka suhtautuu minuun kielteisesti? Miksi antaisin sen painaa mieltäni? Joskus on kuitenkin hetkiä, jolloin joku sanoo meille jotakin, ja meidän on kysyttävä: "Herra, onko se totta?" Usein Jumala voi puhua elämäämme sen kautta, mitä joku ihminen sanoo.

Orpo sydän keskittyy siihen, että saisi hyväksyntää muilta, joten pelkäämme koko ajan sitä, mitä ihmiset meistä ajattelevat. Pyrimme sydämessämme saamaan kunnioitusta ja arvostusta. Tahdon sanoa vain tämän: kun koet Isän rakastavan sinua, tunnet luonnostaan itsesi jonkin arvoiseksi. Tunnet luonnostaan olevasi arvokas. Sinun ei tarvitse suorittaa mitään itsekunnioituksen kurssia. Kaikki, mikä auttaa, on kyllä hyvä, mutta perimmäinen apu, jota tarvitsemme, on ilmestys Isän rakkaudesta meitä kohtaan. Joskus ihmiset tarvitsevat apua omassa tilanteessaan, joten en arvostele sitä hyötyä, mitä joistakin tämäntapaisista kursseista voi olla, mutta kun koemme Isän rakkauden, tällaiset ongelmat häviävät. Isän rakkaus menee paljon, paljon pitemmälle kuin näiden tarjoamat väliaikaiset ratkaisut. Pidän siitä, mitä vaimoni Denise sanoo: "Jumalan rakkaus ei ole seurausta ansiosta tai arvosta. Se luo sitä!" Jumala ei rakasta sinua siksi, että olet arvokas, vaan hänen rakkautensa tuo ilmi sinun arvosi, ja silloin tunnet itsesi arvokkaaksi.

Tosiasiassa halu saada hyvä maine juontuu inhimillisyytemme langenneisuudesta. Haluamme, että ihmiset ajattelisivat meistä hyvää. Epävarmuutesi taso määrittelee, kuinka altis kiusaukselle olet. Mutta olkaamme rehellisiä: eikö olekin niin, että *voisit* kyllä tehdä niin kuin kaikki muut haluavat, mutta et nauttisi siitä itse? Silloin et voisi olla oma itsesi. Möhlisit kuitenkin!

Maineen tavoitteleminen, toisten mielipiteistä välittäminen estää meitä olemasta yhteydessä Isään. Herra ei vähimmässäkään määrin tavoittele omaa etuaan. Hänessä ei ole pienintäkään itsekeskeisyyttä. Kolmiyhteinen Jumala kohdistaa huomionsa täysin toinen Toiseensa sekä meihin, rakkautensa kohteisiin. Sen vuoksi Jeesus ei arvostanut omaa mainettaan. Hän rakasti Isää ja myös meitä niin paljon, ettei epäröinyt luopua omasta kunniastaan:

> *Hänellä oli Jumalan muoto, mutta hän ei pitänyt kiinni oikeudestaan olla Jumalan vertainen vaan luopui omastaan. Hän otti orjan muodon ja tuli ihmisten kaltaiseksi. Hän eli ihmisenä ihmisten joukossa, hän alensi itsensä ja oli kuuliainen kuolemaan asti, ristinkuolemaan asti. - FIL. 2:6–8*

Kun Jeesus katsoo sinua, hän on täysin uppoutunut sinuun. Sellaista on rakkaus.

Maineesta välittäminen on vakava ongelma kristillisyydessämme. Uskon, että Isän rakkaus on tuomassa meitä siihen, että ymmärtäessämme yhä paremmin, kuinka hän rakastaa meitä, välitämme yhä vähemmän siitä, mitä toiset meistä ajattelevat. Monesti sanomme: "En välitä siitä, mitä ihmiset minusta ajattelevat", vaikka todellisuudessa välitämme siitä hyvinkin paljon. Usein koetamme olla urheita ja kieltää loukatut tunteemme ja epävarmuutemme, mutta on aivan eri asia olla kokonaan piittaamatta toisten mielipiteistä. Kun olet siinä määrin vakuuttunut siitä, kuka olet ja mitä Jumala on kutsunut sinut tekemään, ettet välitä vähääkään toisten arvostelusta tai kehuista, olet todella turvallisessa paikassa. Katsoessani aikoinaan niitä ihmisiä, jotka korostivat voimakkaasti "hyvää luonnetta", arvioni oli, että ensinnäkin he olivat pitkästyttäviä, mutta lisäksi heidän elämässään ei tuntunut olevan paljon voitelua. Voitelu kulkee yhdessä pienen villeyden kanssa. Voitelu ei ole ennalta arvattavissa. On oltava vapaa maailman odotuksista voidakseen liikkua Hengen tuulen mukana.

Sydän, joka haluaa siunata

Seuraava tärkeä kristillisen luonteen perusta, jonka haluan tuoda esiin, on **sydän, joka haluaa *olla* siunaukseksi**.

Pojan sydän ei halua niinkään olla *siunattu* vaan pikemminkin olla *siunaukseksi*. Palvelija pyrkii aina hyötymään ja saamaan lisää. Poika oppii uhraamaan elämänsä. Alkaessamme elää pojan elämää tämä asia nousee meille haasteeksi yhä uudelleen. Kristitty, jolla on palvelijan sydän tai orpo sydän, keskittyy hyödyn saamiseen. Poika taas kiinnittää huomionsa Isään, koska Isä on tullut todelliseksi. Mitä todellisempi Isä on sinulle, sitä enemmän haluat olla siunaukseksi. Sinussa alkaa tapahtua muutos, eikä ole enää niin väliä, tulevatko omat asiasi kuntoon. On kyse siitä, mikä on hyvää hänelle.

Tämä on iso kysymys palvelutyön kannalta. Moni palaa halusta saada oma palvelusarka: mitä Jumala tekee *minun* kanssani, *"minun* palvelutyöni" kautta. Puhuin erään pastorin kanssa Yhdysvalloissa muutama vuosi sitten. Hänellä oli palvelutyössään nuori johtaja, joka oli hänestä erittäin hyvä nuoriso-ohjaaja. Nyt pastori oli kuitenkin todella pettynyt. Hän kertoi, että tämä nuoriso-ohjaaja oli aloittanut oman palvelutyön, vaikka oli edelleen työntekijänä seurakunnassa. Hänellä oli omat nettisivut, ja nyt hän mainosti vain itseään ja omaa tulevaa työtään. Tämä nuori mies aikoi luoda oman palvelutyön ja oli sydämessään jo jättänyt vanhemman miehen. Aikamme seurakuntakulttuurissa meillä on pakkomielle omasta henkilökohtaisesta palvelutyöstä. Tuhannet ihmiset käyvät profeetallisissa konferensseissa saadakseen omaa palvelutyötään tai tulevaisuuttaan koskevan profeetallisen sanan. On kuitenkin aina ollut niin, että Jumala toimii pikemminkin pienen jäännöksen kuin suuren joukon kanssa. Orpoina kristittyinä näemme toinen toisemme kilpailijoina. Kateus rehottaa Kristuksen ruumiissa, sillä kunnianhimo on meille paha ongelma. Ihmiset haluavat tehdä asioita "Jumalalle", mutta hyvin usein se tarkoittaa samaa kuin *mitä minä voin saada siitä*, mitä teen Jumalalle.

Sama pätee johtajiin. He voivat olla niin epävarmoja, etteivät nosta alaisistaan esiin uusia johtajia. He lähettävät heidät pois ja hankkiutuvat heistä eroon, jotta organisaation sisällä ei olisi kilpailua eikä kukaan voisi uhata johtajan asemaa. Jos joku alkaa nousta ja vaikuttaa lahjakkaalta, niin johtajat, joilla on orvon sydän, alkavat taistella vastaan. Me kaikki varmaan tiedämme, mistä puhun. Joskus johtajat sanovat: "Jos pidämme seurakunnan nuorena emmekä anna heidän kasvaa, heistä ei koidu uhkaa meille." Tässä näkyy orvon sydän. En tiedä, onko se aina tietoista, mutta sitä tapahtuu paljon orvossa kristillisyydessä. Yksi asia, jonka olen huomannut, on tämä: jos haluat päästä palvelutehtävään, laita kaikki aikasi ja vaivannäkösi siihen, että autat muita löytämään palvelutehtävänsä. Jos käytät aikasi oman tehtäväsi etsimiseen, voin taata, ettet koskaan löydä sitä! Et koskaan pääse eteenpäin. Mitään ei tapahdu palvelutehtäväsi suhteen, jos keskityt oman tehtäväsi etsimiseen. Mutta jos pyrit kaikin voimin auttamaan muita löytämään sen, mitä Jumalalla on heitä varten, löydät palvelutehtävän itsellesi. Tehtäväsi on palvella muita, ja juuri sitähän palvelutehtävä tarkoittaa. Se on palvelemista, mutta olemme usein kääntäneet sen päälaelleen, tarkoittamaan jotakin aivan muuta.

Luin hiljattain Derek Princen ajatuksia Filippiläiskirjeen toisen luvun jakeesta 3. Siinä Paavali varoittaa meitä Herran palvelijoina, ettemme tekisi mitään itsekkyydestä tai turhan kunnian pyynnöstä. Näin sanotaan jakeessa 3 (vuoden 1938 suomennoksen mukaan), mutta sitten Derek Prince huomauttaa:

Vuosien varrella olen huomannut, että yksi jatkuva, kaikkialle leviävä ongelma seurakunnassa on henkilö-kohtainen kunnianhimo ja kilpailu muiden sananpalve-lijoiden kanssa. Haluan lisätä, että olen huomannut tätä ennen kaikkea omassa elämässäni.

Ihailen häntä tämän johdosta! Minäkin olen huomannut tätä omassa elämässäni, ja uskon, että se kuuluu orpouteen. Orvon on tultava toimeen omillaan. Pidä huolta itsestäsi, kukaan ei kuitenkaan anna sinulle mitään. Se on orvon motto. Pojan kohdalla tilanne on erilainen. Orpoudesta voi nousta mustasukkaisuutta ja kateutta isoveljiä kohtaan, mutta kun tunnemme Isän ja hänen rakkautensa meitä kohtaan, meistä tulee perhe. Silloin "veli" ja "sisar" ovat enemmän kuin pelkkiä puhuttelusanoja. On etuoikeus, että minulla on vanhempi veli. Orpo kristitty ei pidä sitä lainkaan etuna, koska vanhemmat veljet vievät sen, mikä kuuluu hänelle. Mutta kun meillä on pojan sydän, vanhemmat veljet ja sisaret ovat meille siunaus, koska heillä on sellaista, mitä meillä ei ole, ja se on meille vain eduksi.

Jos sinulla on pelkkä palvelijan sydän Jumalaa kohtaan, odotat saavasi palkkion. Odotat tulevasi siunatuksi tehtyäsi sen, mitä sinulta pyydettiin. Tämä on hyvin yleistä nykykristillisyydessä. Korostetaan voimakkaasti sitä, että Jumala pitää meistä huolen, jos teemme uskollisesti hänen tahtonsa. Kristuksen ruumiissa vallitsee ansaitsemisen kulttuuri. Jotkut sanovat jopa näin: "Jumalan lapsena ansaitsen matkat ensimmäisessä luokassa ja parhaan hotellimajoituksen." Palvelijan sydän odottaa aina tulevansa siunatuksi. Poika sen sijaan haluaa siunata Isäänsä. Loppujen lopuksi kaikkein suurin siunaus, minkä voit saada, on Kristuksen kaltainen persoonallisuus. Juuri tähän Isän rakkaus meitä johtaa. Kun hänen rakkautensa on sydämessäsi, alat huolehtia muista enemmän kuin itsestäsi. Alat toivoa menestystä ja siunausta muille enemmän kuin itsellesi.

Vuosia sitten Denise ja minä teimme erään päätöksen. Olimme olleet kauan palvelutyössä ja keskittyneet rukouksissamme pyytämään aina Jumalaa siunaamaan meitä, siunaamaan palvelutyötämme ja sitä, mitä *me* teimme. Sitten kuulin taas jonkun rukoilevan: "Herra, siunaa kokouksemme tänä iltana. Anna siunauksesi siihen, mitä teemme." Silloin jokin reagoi sisimmässäni: "Olen saanut tarpeekseni tästä! Olen saanut tarpeekseni siitä, että pyydän Jumalaa siunaamaan *minua* ja *minun* palvelutyötäni!"

Kun menen jonnekin puhumaan, minua pyydetään usein mukaan rukoilemaan ennen kokousta. Välttelen näitä rukouskokouksia! Se johtuu kahdesta syystä. Ensinnäkään en kestä niin suurta epäuskon määrää. Ihmiset anovat Jumalaa tekemään jotakin, mutta heidän rukouksensa perustuu pikemminkin toiveajatteluun kuin aitoon uskoon. Toinen syy on se, että olen kyllästynyt pyytämään Jumalaa siunaamaan *meitä*: siunaa tämä kokous, siunaa ylistys, siunaa saarna! En halua hänen enää siunaavan *minua*. Tästä lähtien haluan olla siunaus *hänelle*. Siunasipa hän minua tai ei, haluan siunata häntä. Haluan, että elämäni tuottaa *hänelle* mielihyvää.

Meidän kohdallamme asenteen muutos on ollut uskomaton. Niin kauan kuin haluat Jumalan siunaavan *sinua*, yrität aina saada

Jumalan mahtumaan siihen, mitä *sinä* teet. Mutta kun haluat olla siunaukseksi Jumalalle, hän ottaa sinut mukaan siihen, mitä hän tekee. Näiden kahden asenteen välillä on huima ero. Monet ovat sanoneet minulle: "Olemme tehneet Herralle työtä kaikki nämä vuodet, eikä meillä vieläkään ole sitä ja sitä" tai: "Olemme palvelleet Herraa vuosikausia, eikä 'tämä' ole vieläkään tapahtunut meille!" Ikään kuin hänen olisi pitänyt antaa meille nämä asiat siksi, että olemme uskollisesti palvelleet häntä. Se on palvelijan mielenlaatu. Palvelija tekee työtä saadakseen palkkion. Poika tekee työtä sopusoinnussa isän kanssa ollakseen siunaukseksi isälleen.

Palvelukeskeisestä kristillisyydestä puuttuu kokonaan marttyyrien henki. Mieti tätä hetken aikaa! Kun ajattelemme vain sitä, että itse saisimme jotakin, että *minä* tulisin siunatuksi ja että Jumalan kyllä *pitäisi* tehdä minulle sitä ja sitä — tällainen asenne ei ole marttyyrien tie. Marttyyri tahtoo olla siunaukseksi Jumalalle, jopa oman hengen menettämisen uhalla. Jos kuolemani on siunaukseksi hänelle, olkoon sitten niin. Tällainen on marttyyrien asenne. Marttyyrien henki ei pyri saamaan siunauksia itselleen. Se uhraa oman elämänsä *ollakseen siunaus*. Kristillinen kulttuurimme länsimaissa on suurelta osin unohtanut tämän.

Kaikilla matkoillani olen vain muutamia kertoja tuntenut marttyyrien hengen tuoksun niissä palvelutyön tilanteissa, joissa olen ollut vierailijana, mutta kokiessani sitä se on ollut ihanaa. Muistan erään kerran, kun tapasin Fidzisaarilla kolme nuorta naista, jotka asuivat vuorenrinteellä rakentaessaan palvelukeskusta intialaisille sokeriruokotyöläisille, joita pidettiin käytännössä orjina. He eivät saaneet omistaa omia maitaan, ja kun he yrittivät parannella asumuksiaan, isännät muuttivat niihin ja ajoivat heidät ulos. He olivat jääneet raskaan työn kierteeseen plantaasinomistajien armoille, jotka eivät suoneet heille minkäänlaisia taukoja tai mahdollisuuksia parantaa olojaan. Käydessäni siellä nämä tytöt kaivoivat kuoppaa käymälää varten. He olivat pari metriä syvässä kuopassa ja löivät hakulla rikki kovaa kiveä, jota he sitten keräsivät ämpäreihin ja nostivat köyden avulla ylös. He työskentelivät tukahduttavassa kuumuudessa ja kosteudessa. Nähdessään minut he kiipesivät ylös kuopasta ja kutsuivat minut luokseen lounaalle. Heillä oli keittoa, joka oli pääasiassa kuumaa vettä, jossa uiskenteli muutamia lehtiä ja ruohonkorsia. Mutta olisitpa kuullut, kuinka he kiittivät! He alkoivat ylistää Herraa sydän tulvillaan kiitollisuutta siitä, mitä Jumala oli antanut heille. Tunsin, että heissä oli jotakin sellaista, mikä olisi saanut marttyyrit tuntemaan olonsa hyvin kotoiseksi.

Seurakunta on rakennettu marttyyrien verelle. Jotkin kansakunnat eivät koe minkäänlaista läpimurtoa Hengessä, ennen kuin marttyyrien veri on vuotanut. Marttyyrien veri on voimakkaimpia aseita, joita Jumala käyttää avatakseen kansakunnan evankeliumille. Halu olla siunaukseksi mieluummin kuin itse saada siunauksia kuuluu marttyyrien henkeen ja myös poikien ja tyttärien henkeen.

ILON TUOTTAMINEN

Tärkeä kristityn luonteen perusta Isän rakkaudessa on myös **kyky tuottaa iloa**.

Ihminen, jolla on todellinen kristityn luonne, tuottaa iloa muille. Hänen läsnäolonsa tuo tullessaan iloa. Meillä on ollut sellainen harhaluulo, että kristittyjen kuuluu olla vakavia, koska kristinusko on *vakava* asia. Jotkut kristityt ovat jopa sitä mieltä, että nauraminen on syntiä. Olen kuullut saarnattavan tällä tavoin. Saarnaaja sanoo jotenkin näin: "Täällä me vain nauramme, mutta luuletko Jumalan istuvan taivaassa nauramassa maailman ongelmille? Luuletko, että *hän* nauraa sodille, nälänhädälle ja maailman murhenäytelmille?" Tämäntapaiset lausunnot ovat takuuvarma keino tappaa kaikki ilo!

Saatamme helposti ajatella, että ainoa tapa reagoida langenneen maailman asioihin on vakavuus. Muistan kuulleeni Heidi Bakerin puhuvan juuri tästä asiasta. Hän asuu ja tekee työtä Mosambikissa, joka on maailman köyhimpiä maita. Hän palvelee ihmisiä, jotka ovat kokeneet elämässään hirvittäviä asioita. Hän pitää esimerkiksi kuolevia pikkuvauvoja sylissään antaakseen heille rakkautta heidän viimeisinä elintunteinaan. Mutta hän sanoi, että keskellä tätä kärsimystä hän on silti täynnä iloa. Hän oli ihmeissään kysynyt Herralta, miten se oli mahdollista. Kuinka hänellä saattoi olla näin suuri ilo huolimatta kaikesta kärsimyksestä? En muista kaikkea, mitä Herra oli vastannut, mutta yksi asia jäi mieleeni. Hän oli sanonut Heidille: "Nämä ihmiset tarvitsevat iloa. Nämä ihmiset tarvitsevat syyn olla onnellisia. He eivät tarvitse ihmisiä, jotka ovat aina vakavia. He tarvitsevat ihmisiä, jotka pystyvät luomaan heissä iloa."

Yksi äitiyteen liittyvä asia on se, että moni äiti elää samalla tunnetasolla kuin hänen surullisin lapsensa. Äidin tunteet ovat samalla tasolla kuin sen lapsen, joka sillä hetkellä on perheessä kaikkein surullisin. Kun tämä lapsi on taas iloinen, äiti samastuu puolestaan siihen lapseen, joka on seuraavaksi surullisin, ja niin hän elää jatkuvasti perheen alimmalla tunnetasolla. Todellisuudessa lapset tarvitsevat äidin, joka nostaa heidät ylös surullisuudesta hänen oman iloisuutensa tasolle. Monen uskovan elämä on tällaista. He elävät matalimmalla mahdollisella ilon tasolla.

Maailma tarvitsee iloa. Uskon todella, että aitoon kristilliseen luonteeseen kuuluu kyky tuottaa iloa.

Tullessamme uskoon olin hyvin erilainen ihminen kuin nyt.

Olimme olleet uskossa pari vuotta, ja tunsin itseni usein äärettömän yksinäiseksi. Minulla ei ollut enää mitään yhteistä vanhojen metsästyskaverieni kanssa, eikä minulla ollut ainuttakaan uskovaa ystävää. Seurakunta, jossa kävimme, oli kasvanut nopeasti noin kolmestakymmenestä jäsenestä tuhanteen. Joskus mennessämme seurakuntaan meitä tervehdittiin ikään kuin olisimme siellä ensimmäistä kertaa. Ne ihmiset, jotka muistimme seurakuntaan liittymisemme ajoilta, eivät tunnistaneet meitä ja tervehtivät meitä ovella ikään kuin olisimme olleet ensikertalaisia! Olin ujo, loukkaantunut ja epäystävällinen. Valittelin kerran Deniselle, ettei minulla ollut yhtäkään ystävää seurakunnassa, ja hän vastasi minulle: "James, asiaa auttaisi tosi paljon, jos silloin tällöin hymyilisit!" Minulla ei ollut minkäänlaista kykyä hymyillä. Se paikka sisimmässäni, mistä ilon piti tulla, tarvitsi kipeästi parantumista.

Asuimme maaseudulla noin viidenkymmenen kilometrin päässä seurakunnasta. Kahtena vuotena uskoontulomme jälkeen yksikään ihminen seurakunnastamme ei käynyt meillä. Monet kävivät kyllä muiden seurakuntalaisten luona, jotka asuivat meiltä runsaan kilometrin päässä, mutta meille ei tullut ketään. Olimme todella innostuneita kaikesta, mikä liittyi Jumalaan, ja annoimme kaiken energiamme seurakunnan hyväksi, mutta tunsimme, ettei kukaan oikein ollut kiinnostunut meistä.

Eräänä päivänä näin auton tulevan soratietä pitkin meille päin. Hämmästyksekseni näin sen kääntyvän pihaamme ja miehen astuvan siitä ulos. Se oli kaveri nimeltä David Pickering. Hän oli yksi seurakunnan diakoneista. Hän koputti ovelle, ja menin avaamaan. Davidin silmät loistivat kirkkaina hänen huudahtaessaan: "Olette oikeita onnenmyyriä saadessanne asua täällä! Miten ihana asuinympäristö!"

Hän astui sisään ja otti kupillisen tarjoamaamme teetä. "Vau!" hän huudahti. "Oletteko itse tapetoineet nämä seinät? Miten fantastinen tapetti! Teillä on aivan mahtavat huonekalut!" Hän kommentoi kaikkea näkemäänsä niin valtavan innoissaan, että aloimme katsoa tavaroitamme ja taloamme aivan uusin silmin. Kun hän lähti, minusta tuntui, että asumme palatsissa. Hänen vierailunsa kohotti mieltämme suunnattomasti, ja sillä oli valtava vaikutus meihin sinä päivänä. Hän sai aikaan iloa. Hän oli elämäniloisin ihminen, mitä kuvitella saattaa. Ylistyksen aikana seurakunnassa hänellä oli tapana pomppia ympäriinsä — hän ei vain tanssinut, hän suorastaan loikki! Tuona päivänä hän toi meille samaa elämäniloa ja sai hymyn leviämään kasvoillemme ja kiitollisuuden nousemaan sydämistämme.

Kristillisyydessä ei ole kyse vakavuudesta ja varovaisuudesta. Siinä on kyse ennen kaikkea ilosta. Jos ihmisellä ei ole iloa, hänen luonteensa kristittynä on vielä varsin kypsymätön. Tärkeää ei ole ainoastaan se, että ihmisellä on iloa, vaan se että kykenee myös välittämään sitä toisille. Se on merkki siitä, että alamme olla tehokkaita kristittyinä johtajina. Paavali sanoo haluavansa olla "auttamassa teitä teidän iloonne" (2. Kor. 1:24, vuoden 1938 suomennos). Juuri sitä saarnaaminen on. Sen tehtävänä on auttaa ihmisiä iloitsemaan. Saarnaamisen tarkoituksena on saada aikaan iloa. Ei ole mitään järkeä saarnata muulla tavoin. Meidän tulee auttaa ihmisiä vapautumaan kaikesta roskasta, jotta he voisivat nauttia suuresti elämästään ja vaelluksestaan Jumalan kanssa. Kuvittele seurakuntaa, joka keskittyy pelkästään lisäämään ihmisten elämään täydellistä iloa Jumalassa. Kristillinen luonne ja palvelutyö tarkoittavat juuri sitä, että ihmisiä tuodaan yhä enemmän iloon. Kun oikein ajattelet asiaa, niin tämä on ilmiselvää.

Meillä on eteläafrikkalainen ystävä, joka täyttyi Isän rakkaudella.

Hän oli sekä seurakunnan pastori että kotikaupunkinsa pormestari. Pastorina hän huomasi, ettei hänen seurakuntansa kasvanut, ja niinpä hän kysyi Herralta, miten saisi sen kasvamaan. Herra kehotti häntä liittymään paikalliseen rugbyjoukkueeseen. Toiset pelaajat tiesivät hänen olevan kristitty ja uskoivat hänen olevan helppo uhri, vaikka hän pelasikin joukkueen vaativimmassa roolissa. Kerran eräässä ottelussa vastapuolen pelaaja hyökkäsi hänen kimppuunsa. Joukkueensa ihmetykseksi Kobus vastasi samalla mitalla ja iski kaveria nyrkillä. Tämän tapauksen johdosta hän saavutti joukkue-tovereidensa kunnioituksen, ja he kaikki tulivat mukaan hänen seurakuntaansa.

Kobus tuli erääseen kokoukseemme Pasadenassa, Kaliforniassa, ja Isän rakkaus vaikutti häneen syvästi. Tämä kokemus todella muutti hänet, ja sen seurauksena hänen saarnansa kotiseurakunnassaan muuttuivat radikaalisti. Kolmantena sunnuntaina sen jälkeen, kun hän oli palannut Pasadenasta, eräs hänen seurakuntalaisistaan tuli hänen luokseen kuultuaan hänen saarnansa. Mies sanoi Kobukselle: "En enää aio tulla tähän seurakuntaan. Alan käydä toisessa seurakunnassa." Ystäväni kysyi häneltä syytä tähän, ja mies vastasi: "Aikaisemmin täällä käydessäni lähdin aina pois tuntien syyllisyyttä. Mutta nyt kun saarnaat tätä 'Isän rakkaus -juttua', en tunne enää syyllisyyttä, joten aion etsiä sellaisen saarnaajan, joka saa minut tuntemaan syyllisyyttä!" Miten vääristynyt voikaan kuva kristinuskosta olla! Tällainen kristillisyys on mahdottoman tehtävän edessä: se yrittää saada ihmiset pyhitykseen syyllisyyden ja tuomion avulla.

En usko, että kristinuskon tarkoitus on saada aikaan syyllisyyttä. Joskus näen jotakuta saarnaajaa mainostettavan "erittäin haastavana puhujana", tai sanotaan, että hänellä on "haastava sanoma". En enää ikinä halua kuunnella ainuttakaan haastavaa puhujaa.

Meillä on riittävästi haasteita, emme tarvitse niitä yhtään enempää. Tarvitsemme voimaa ja iloa voidaksemme kohdata elämän meille heittämät haasteet. En tahdo lähteä jumalanpalveluksesta ajatellen, että minun täytyy pystyä parempaan — minun *täytyy*, minun *pitäisi*, minun on *pakko*. En halua tulla haastetuksi tekemään erilaisia asioita, haluan oppia tuntemaan, kuka *Jumala* on ja mitä *hän* on tehnyt. Silloin kun huomaan, mitä *hän* on tehnyt, jokin minussa vastaa siihen. Kun huomaan, kuka hän on, en voi olla rakastamatta häntä. Vuosia sitten, ollessani nuori saarnaaja Herra puhui minulle sanoen: "James, älä koskaan sano ihmisille, mitä heidän täytyy tehdä tai millaisiksi heidän pitää tulla. Kerro heille, *kuka minä olen* ja mitä minä olen tehnyt!"

Nykykristillisyys on paljolti sitä, että ihmisille sanotaan, mitä heidän täytyy tehdä tai millaisiksi heidän pitää tulla. Hyvin usein kuulen sanottavan näin: "Jos seurakunta hoitaisi työnsä kunnolla..." "Jos todella olisimme niitä ihmisiä, joita meidän pitäisi olla..." Tai: "Tätä Jumala meiltä vaatii. Meidän tehtävämme on muuttaa maailma hänen puolestaan." Kuullessani jotakin tällaista en ole tippaakaan kiinnostunut. En tiedä sinusta, mutta minusta ei ole maailmanmuuttajaksi. Olen vain kaveri, jonka Jumala löysi katuojasta. Minussa ei ole "maailman muuttamiseen" tarvittavaa potentiaalia. En ole myöskään "historiantekijä". En tullut uskoon tehdäkseni historiaa tai muuttaakseni maailmaa — tulin uskoon ainoastaan pelastuakseni, koska tarvitsin sitä todella kipeästi. Annoin elämäni sellaisen Jumalan käsiin, joka rakastaisi minua ja auttaisi minua elämäni sekasotkussa. En tullut uskoon tehdäkseni suuren vaikutuksen maailmaan.

Olen kuitenkin huomannut tämän: antautuessani yhä enemmän Jumalan rakkaudelle hän aika ajoin muuttaa pienen osan maailmaa minun *kauttani*. Sillä ei ole mitään tekemistä minun kanssani.

Ollessani kerran puhumassa eräässä konferenssissa sanoin, etten ole kiinnostunut olemaan "maailmanmuuttaja" enkä "historiantekijä", täysin tietämättömänä siitä, että heidän seuraava konferenssinsa oli nimeltään *Maailmanmuuttajat ja historiantekijät!* Sanomattakin on selvää, ettei minua kutsuttu sinne uudelleen.

Joskus minua ahdistaa nähdä, kuinka nuoria lietsotaan palavuuteen, joka perustuu vain inhimilliseen innostukseen. Se ei ole aito kristillinen tie. Tiedän, mihin se vie. Itse asiassa olen jo kulkenut sitä tietä, ja se johti pettymykseen ja epätoivoon. Paloin loppuun palvellessani Jumalaa. Se ei ollut niin hengellistä kuin jotkut luulevat. Tosiasiassa se oli kauhea kokemus, ja opin siitä sen, ettei loppuunpalaminen ole Jumalan tahto. Oikeastaan vain liha voi palaa loppuun. Jos olemme Hengessä, olemme levossa ja kannamme silti hedelmää. Totuus on, että meidän on tarkoitus kulkea uskosta uskoon ja kirkkaudesta kirkkauteen ja muuttua hänen kuvansa kaltaiseksi. Kristillisyys on Jeesuksen kaltaiseksi tulemista, ja suureksi osaksi se tarkoittaa täyttymistä ilolla.

Yksi tärkeimmistä kristityn luonteenpiirteistä on se, että nautimme täysin rinnoin elämästämme ja vaelluksestamme Jumalan kanssa. Jos elämme elämäämme hyvän käytöksen pakkopaidassa, emme totisesti nauti siitä.

TYYTYVÄISYYS

Aitoa kristillistä kypsyyttä leimaa **tyytyväisyys**. Tämä luonteenpiirre on monille vieras, ja kuitenkin se on asia, jota ihminen eniten etsii elämässään. Siinä ei ole niinkään kyse onnellisuudesta. Onnellisuus voi tulla ja mennä, mutta tyytyväisyys on sen olotilan rauhallista hyväksymistä, jossa juuri nyt olen elämässäni: tätä minä olen, tässä olen juuri tällä hetkellä, ja olen tyytyväinen oloihini.

Paavali puhuu tästä Filippiläiskirjeen neljännen luvun jakeissa 11 ja 12 (vuoden 1938 suomennoksen mukaan):

> *...olen oppinut oloihini tyytymään. Osaan elää niukkuudessa, osaan myös elää runsaudessa; kaikkeen ja kaikenlaisiin oloihin minä olen tottunut; sekä olemaan ravittuna että näkemään nälkää, elämään sekä runsaudessa että puutteessa.*

Elämässäni on edelleen alueita, joihin en ole tyytyväinen, mutta verrattuna aikaisempaan olen huomattavasti muuttunut. Uskon, että Jumala haluaa viedä meidät tyytyväisyyden tilaan. Tyytyväisyys on todellakin tärkeimpiä kristityn luonteenpiirteitä. Meidän tulee ymmärtää, että tyytyväisyys ei välttämättä tarkoita, että elämässämme kaikki olisi kohdallaan. Sen sijaan se tarkoittaa, että meillä on rauha, vaikka asiat eivät ole aivan kunnossa eivätkä mene hyvin ja vaikka on puutteita ja tarpeita. Paavali oli oppinut olemaan tyytyväinen suurten tarpeiden ja vaikeuksien keskelläkin.

Uskon todella, ettemme voi saavuttaa tyytyväisyyttä kokematta Isän rakkautta. Vain hänen rakkautensa pystyy loppujen lopuksi ylittämään tämän maailman ongelmat. Kun Isän rakkauden todellisuus alkaa olla suurempi kuin se, miten tunteesi reagoivat vastaasi tuleviin ongelmiin, huomaat, että tyytyväisyys on saamassa sijaa sydämessäsi.

Uskon, että meidän tulee palvella tyytyväisyydestä käsin eikä niin, että käytämme palvelemista keinona pysyä tyytyväisinä. Jeesus sanoo: "Autuaita ovat rauhantekijät!" Rauhantekijä on henkilö, joka on niin täynnä rauhaa, että se vuotaa yli kaikkialle. Kun tällainen ihminen astuu huoneeseen, sinne laskeutuu rauha. Meillä on oltava rauha voidaksemme tuoda sitä muille. Rauha muuttaa ilmapiirin.

Uskovan henki vaikuttaa ilmapiiriin hänen ympärillään. Hengen hedelmä on tehokas ase sodankäynnissämme. Usein ajattelemme Hengen miekkaa sota-aseenamme. Mutta nimenomaan lihaksitullut Sana meissä tehoaa taistelussa. Kun sinulla on sisimmässäsi niin paljon iloa, etteivät olosuhteet voi sitä vaimentaa, olet voitolla vihollisesta. Kun joku on todella vihainen sinulle ja sinulla on täysi rauha sydämessäsi, riisut aseista tuon vihan. Tyytyväisyys voittaa kiusauksen, jolla Saatana yrittää kietoa sinut pauloihinsa.

Poikana eläminen on Isän tuomista ilmi niin, että ihmiset todella koskettavat Isän todellisuutta meidän kauttamme. Tyytyväisyys ei ole ihana asia pelkästään omassa elämässämme, vaan se vaikuttaa myös muihin tuomalla heidätkin rauhaan ja lepoon. Tyytyväisyys on tehokas sota-ase vihollista vastaan. Suurimpia aseita hengellisessä sodankäynnissä ovat juuri sellaiset asiat kuin rauha, ilo ja tyytyväisyys. Niissä Sana tulee lihaksi meidän elämässämme. Näen aivan liikaa levottomuutta ja pakonomaista aktiivisuutta aikamme seurakunnassa. On suunnitelmia, näkyjä, päämääriä, kutsumuksia ja palvelutöitä, jotka usein nousevat esiin tyytymättömien sydänten turhautumisista. Tarvitsemme seurakunnassa Paavalin tyytyväisyyttä. Kun seurakunta pääsee samaan tyytyväisyyteen ja lepoon, josta käsin Paavali palveli, se alkaa saada samoja tuloksia kuin Paavali.

Isän arvojärjestelmä

Todellinen kysymys, joka liittyy kristityn luonteeseen, on tämä: millainen on Jumalan luonne? Aito kristillinen luonne heijastaa Jumalan luonnetta. Tulemme hänen kaltaisikseen ottaessamme hänet sydämeemme. Orpous on perimmiltään turvattomuutta, ja turvaton pitää kiinni sellaisista asioista kuin maine ja raha saadakseen niistä turvaa. Uskon, että juuri tähän Jeesus viittaa vertauksessaan

Luukkaan evankeliumin 12. luvun jakeissa 15–21:

Hän sanoi heille kaikille: "Karttakaa tarkoin kaikenlaista ahneutta. Ei kukaan voi rakentaa elämäänsä omaisuuden varaan, vaikka sitä olisi kuinka paljon tahansa." Ja hän esitti heille vertauksen: "Oli rikas mies, joka sai maastaan hyvän sadon. Hän mietti itsekseen: 'Mitä tekisin? Minun satoni ei mahdu enää mihinkään.' Hän päätti: 'Minäpä teen näin: puran aittani ja rakennan isommat niiden sijaan. Niihin minä kerään koko satoni ja kaiken muun, mitä omistan. Sitten sanon itselleni: Kelpaa sinun elää! Sinulla on kaikkea hyvää varastossa moneksi vuodeksi. Lepää nyt, syö, juo ja nauti elämästä!' Mutta Jumala sanoi hänelle: 'Sinä hullu! Tänä yönä sinun sielusi vaaditaan sinulta takaisin. Ja kaikki, minkä olet itsellesi varannut — kenelle se joutuu?' Näin käy sen, joka kerää rikkautta itselleen mutta jolla ei ole aarretta Jumalan luona."

Tämä mies säästi eläkepäiviään varten, ja Herra sanoi hänelle: "Sinä hullu!" Se oli melko suoraan sanottu. Raha *on* tärkeää, mutta tärkeää on se, mihin tarkoitukseen *Jumala* sitä tahtoo käyttää, eikä vain se, mihin turvaton ja orpo sitä käyttäisi.

Jeesus kunnioitti leskivaimoa, joka antoi kaksi ropoaan, ja siinä voimme itse asiassa nähdä Isän arvojärjestelmän. Jos vaellamme niin kuin Jeesus vaelsi — Isän arvojen ja toiveiden mukaisesti — kykenemme helpommin pääsemään läheiseen yhteyteen Isän kanssa. Sama periaate pätee ihmisten kesken. Minä esimerkiksi pelasin nuorempana mielelläni pöytätennistä. Huomasin viettäväni paljon aikaa niiden kanssa, jotka pitivät pöytätenniksen pelaamisesta. Samasta asiasta kiinnostuneet ihmiset viettävät automaattisesti enemmän aikaa toistensa kanssa verrattuna niihin, joilla ei ole samoja harrastuksia. Haluan tällä korostaa vain sitä, että tämä yhteinen harrastuksemme ja pöytätenniksen arvostaminen edisti keskinäistä yhteyttämme. Samoin se, että ymmärrämme, mikä ilahduttaa Isän sydäntä, tiivistää yhteyttämme häneen. Jos sydämessäsi on jotakin sellaista, mikä ei sovi yhteen taivaallisen Isäsi arvojen kanssa, se varjostaa suhdettasi häneen. Mutta kun olet sopusoinnussa hänen kanssaan, voit kokea läheistä yhteyttä häneen. Tätä on pojan elämä. Jos olet antelias, koet läheisyyttä Isäsi kanssa, joka myös on antelias. Jos olet kitsas penninvenyttäjä, et pysty samastumaan taivaalliseen Isääsi, joka on *tuhlailevan avokätinen*. Silloin et ole sopusoinnussa hänen kanssaan raha-asioissa.

Vaeltaminen Hengessä

Kehotan sinua karkottamaan mielestäsi vanhat orpouteen ja palvelemiseen perustuvat tavat ajatella, millainen kristityn luonne on. Jos pitäydyt vanhoihin asenteisiin, olet kiinni maineesi ylläpitämisessä, tarkkailet jatkuvasti omaa kehitystäsi ja yrität elää oman inhimillisen voimasi varassa. Siinä piilee se vaara, että vaikka päämääräsi on Jumala, ponnistelet kuitenkin omin voimin. Kristillisten periaatteiden mukaan eläminen on itse asiassa elämistä hyvän ja pahan tiedon puusta. Tosiasiassa meidän tulee vaeltaa Hengen johdatuksessa *eikä* periaatteiden mukaan. Jos elät kristillisten periaatteiden mukaan, joudut harhaan, koska silloin et elä yhteydessä Jumalaan.

Meidän ei myöskään tule vaeltaa "Sanassa". Meidän ei tule totella Raamattua vain siksi, että Raamattu sanoo jotakin. Vaellamme Sanan *mukaisesti*, mutta vaellamme *Hengessä*. Jos Raamattu tuomitsee jonkin asian, tiedämme, ettemme vaella Hengessä, mutta Sanan noudattaminen ei ole sama asia kuin Hengessä vaeltaminen.

Hengessä vaeltaminen on aina Sanan mukaista, mutta toisin päin se ei pidä paikkaansa. Sanan mukaan eläminen ei välttämättä tarkoita, että olet Hengessä. Hengessä vaeltaminen johtaa *aina* siihen, että elät Raamatun mukaisesti, kun taas toisin päin asia ei välttämättä ole ollenkaan niin. Tunnen monia ihmisiä, jotka väittävät olevansa uskollisia Sanalle mutta joilla ei ole aavistustakaan siitä, mitä Pyhä Henki sanoo.

Mitä on "Hengessä vaeltaminen"? Se on sitä, että Jumalan rakkaus vuodatetaan sydämiimme. Kun vaellamme niin, että Isän rakkaus virtaa jatkuvasti sydämiimme, *se* on Hengessä vaeltamista. Se on sitä elämää, jota Jeesus eli. Tämä on elämän hengen laki Kristuksessa Jeesuksessa. Olkoon meillä kyky nähdä, mitä Jeesuksen tavoin eläminen tarkoittaa: se on vapautta periaatteista, käskyistä ja määräyksistä. Vapauttakoon Jumala meidät kaikista uskonnollisista odotuksista, niin että voimme olla hänen todellisia poikiaan ja tyttäriään. Jumalan lasten ihmeellinen vapaus ylittää periaatteiden ja lakien rajoitukset ja vankilat huolimatta siitä, kuinka oikeilta ne saattavat näyttää. Hän haluaa meidän olevan vapaita tanssimaan hänen kanssaan, sillä vain rakkaus on täydellisesti vapaa.

Kerran tajusin jotakin, mikä oli sekä hämmästyttävää että vapauttavaa. Olin saanut vahvoja vaikutteita monilta raamatunopettajilta, jotka sanoivat, että menestyäkseni kristittynä minun on tehtävä niin kuin Raamattu (erityisesti Uusi testamentti) sanoo. Mutta todellisuudessa kukaan apostoleista ei ollut ikinä lukenut Uutta testamenttia — ei kertaakaan. He eivät eläneet kristittyinä noudattaen Sanaa. He eivät lukeneet Uutta testamenttia — he kirjoittivat sen! He vaelsivat Hengessä, ja Henki johdatti heitä elämään ja oppimaan monia asioita. Näitä asioita he kirjoittivat muistiin, ja siitä muodostui myöhemmin Uusi testamentti. Jumalan Hengessä vaeltaminen saa meidätkin vaeltamaan samalla tavoin kuin he. Ja

Jumalan rakkaus, joka läikkyi heistä, tulvii yli meistäkin!

~

Maailman voittaminen — taistelu tunne-elämän alueella

Kun alamme kokea Isän rakkautta ja elää siinä, näkökulmamme kristillisyyteen muuttuu perin pohjin. Jumala tekee meille uudelleen todelliseksi sen, mitä kristinusko varsinaisesti on. Haluan tarkastella tiettyä raamatunjaetta, jota en ollut koskaan oikein ymmärtänyt, mikä turhautti minua kovasti. Kyseessä on Johanneksen evankeliumin 16. luvun viimeinen jae, jossa ovat todennäköisesti Jeesuksen viimeiset sanat ennen ristiinnaulitsemista. Siksi tämä jae on erityisen tärkeä. Sen jälkeen tulee vielä hänen rukouksensa Isälle, mutta tämä on käytännössä hänen viimeinen opetuksensa opetuslapsille. Hän sanoo (Joh. 16:33, vuoden 1938 suomennos):

Tämän minä olen teille puhunut, että teillä olisi minussa rauha. Maailmassa teillä on ahdistus; mutta olkaa turvallisella mielellä: minä olen voittanut maailman.

Aina lukiessani tätä kohtaa se tuntui minusta ongelmalliselta. En kyseenalaistanut Jeesuksen sanoja: "Maailmassa teillä on ahdistus"

— olin täysin samaa mieltä! Tuo väite on aivan totta! Haluatko kuulla salaisuuden: ahdistukset eivät lopu koskaan. Meillä *on* ongelmia tässä maailmassa. Olen elänyt kristittynä yli neljäkymmentä vuotta ja voin sanoa sinulle, että näin on ollut koko uskonelämäni ajan. On kuitenkin paljon parempi käydä läpi tällaisia asioita Herran kanssa kuin ilman häntä. Sekin jo auttaa, että tiedän hänen olevan olemassa. Siitä huolimatta ongelmia edelleen tulee. Kun Jeesus julistaa, että maailmassa sinulla on ahdistus, hän tarkoittaa, että sinulla on aina oleva ongelmia. Maailma heittelee jatkuvasti kapuloita rattaisiisi.

Sitten hän lausuu nämä sanat: "Mutta olkaa turvallisella mielellä: minä olen voittanut maailman." Lukiessani ensimmäistä kertaa nämä sanat ajattelin vaistomaisesti: *No, hieno juttu, Jeesus, että näin on sinun kohdallasi! Ehkä sinä olet voittanut maailman, mutta minä en!* Näyttää siltä, että maailmasta tulee koko ajan kaikenlaista roinaa pälleni, eikä se ole helppoa eikä mukavaa.

Maailman heitellessä asioita tiellesi ongelma on tämä: se vaikuttaa tunteisiisi. Huomaat, että tunteesi vievät sinut vuoristorata-ajelulle. Tulee uupumuksen ja masennuksen jaksoja, samoin kuin pelkoa, huolia ja kipua sekoittuneena täyttymyksen ja ilon tunteisiin. Näin se vain on. Selviytyäkseen tästä jotkut tukahduttavat tunteensa, jotta eivät tuntisi mitään. Haavoittuessaan pahasti elämässään ihmiset kovettavat joskus itsensä, koska eivät pysty käsittelemään kipuaan. He eivät halua kärsiä ikävistä tunteista. Tehdessään näin ihminen tukahduttaa kuitenkin samalla *kaikki* tunteensa. Ei ole mahdollista painaa alas ikäviä tunteita ja pitää yllä mukavia. Jotkut ajattelevat, että on parempi olla olematta onnellinen, kunhan ei ole myöskään surullinen. Tunteesi voivat kuitenkin olla elämässäsi suuri siunauksen lähde. On ihanaa todella nauttia jostakin. Ongelma on vain se, että maksat nauttimisesta sillä, että sinulla on kyky myös kokea mielipahaa.

Kun Jeesus siis sanoo: "Olkaa turvallisella mielellä: minä olen voittanut maailman", minun vastaukseni siihen oli: *Mahtavaa, että olet voittanut, mutta minä en ole!* Ongelmani oli, että maailma sai edelleen tunteeni myllertämään. Jeesus on voittanut maailman, mutta millä tavoin se koskee minua? Kuinka *minä* voin voittaa maailman?

En usko, että voimme saada kunnollista ja täyttä vastausta tähän, ennen kuin olemme ymmärtäneet ja vastaanottaneet Isän rakkauden. Asioiden kehkeytymiseen kristinuskossa kuuluu, että alamme ymmärtää ja tavoittaa asioita, joihin meillä aikaisemmin ei ole ollut pääsyä. Ennen uskonpuhdistusta ihmiset eivät voineet vapautua syyllisyydestä, koska heidän oli saatava ilmestys syntien anteeksisaamisesta. Sen ajan ihmiset elivät tietämättöminä siitä, kuinka päästä eroon syyllisyydentunteista. Nyt kun ymmärrämme, että Jeesus on kuollut ristillä ja Jumala on antanut meille anteeksi ja vanhurskauttanut meidät uskon kautta ja puhdistanut omantuntomme Jeesuksen veren kautta, voimme todella olla vapaita syyllisyydestä. Se on ihmeellinen totuus! Ennen kuin tiedät tämän totuuden, et voi päästä käsiksi siihen, mitä se sinulle tarjoaa.

SIELUSI PELASTUMINEN

Isän rakkaus johtaa meidät kokemaan kristinuskon tavalla, jota ei ole ennen tätä aikaa koettu. Jeesuksen kuollessa ristillä tapahtui todella paljon. Mainitsen muutamia pääasioita.

Kuollessaan ristillä Jeesus voitti synnin vallan. Kun hän kuoli ja vuodatti verensä, tämä veri tuli meidän saatavillemme. Hän voitti synnin ja teki samalla myös meille kaikille mahdolliseksi voittaa sen. Hän johti meidät vapauteen ja syntien anteeksisaamisen kokemiseen.

Kuollessaan ristillä Jeesus voitti Saatanan vallan. Ennen Jeesuksen kuolemaa Saatanalla oli valta ja auktoriteetti, jonka hän menetti täydellisesti sen jälkeen.

Noustessaan kuolleista Jeesus voitti kuoleman vallan. Kuolemalla ei ole enää meihin sitä otetta, joka sillä oli ennen Jeesuksen kuolemaa ja ylösnousemusta.

Jeesus voitti monta asiaa, joista meillä on jonkin verran ymmärrystä, mutta yksi asia, jota en moneen vuoteen ymmärtänyt, oli se, kuinka hän voitti *maailman*. Kuollessaan ristillä Jeesus voitti maailman ja mursi sen vallan itseensä nähden ja avasi oven meille, jotta mekin voimme murtaa maailman vallan omalla kohdallamme. Mitä hän tarkoitti sanoessaan: "Olen voittanut *maailman*"?

Johdannoksi siihen, mitä haluan sanoa, katsokaamme asiaa toisesta näkökulmasta. Raamattu puhuu kolmesta tavasta pelastua. Siellä sanotaan: sinä *olet* pelastunut, sinä *parhaillaan* pelastut ja sinä *tulet* pelastumaan (Ef. 2:5–8; 2. Tim. 1:9; Tit. 3:5; 1. Kor. 1:18; 1. Kor. 15:2; 2. Kor. 2:15; Room. 8:23; 1. Tess. 5:23). Näissä puhutaan pelastuksen kolmesta eri puolesta. Ensimmäiseksi: sinä pelastuit, kun Jeesus tuli elämääsi ja henkesi yhdistyi häneen. Se on "sovittu juttu" aina ja ikuisesti. Pelastuksesi ja ikuinen kohtalosi on sinetöity, eikä sitä voida ottaa sinulta pois. Sinä *olet* pelastunut. Henkesi on pelastunut.

Toiseksi: *sielusi* on parhaillaan *pelastusprosessissa*. Kun Filippiläiskirjeen toisen luvun jakeessa 12 sanotaan, että "tehkää peläten ja vavisten työtä pelastuaksenne", siinä puhutaan sielun pelastumisen prosessista. Enemmän siitä aivan kohta.

Kolmanneksi: ruumiimme alueella emme ole vielä edes alkaneet pelastua, mutta tulee aika, jolloin ruumiimme pelastuu. Joidenkin kasvoihin on alkanut ilmestyä uurteita, joita ei aikaisemmin ollut. Painovoima näyttää voittavan sodan, kun rintakehämme valuu kohti vatsaamme! Ruumiimme ikääntyy ja lopulta kuolee. Se päivä on kuitenkin tulossa, jolloin saamme uuden ruumiin. Silloin toivon olevani superkunnossa tarvitsematta harrastaa kuntoilua. Toivon voivani syödä, mitä haluan, ja silti pysyä terveenä! On ilman muuta selvää, että ruumiimme täytyy vielä pelastua.

Alue, johon haluan tässä keskittyä, on se elämämme alue, joka *parhaillaan* muuttuu: meidän sielumme. Jumala tekee työtä pelastaakseen sielumme ja lunastaakseen sieluelämämme. Sielusi muodostuu mielestäsi, tahdostasi ja tunteistasi. Kun määrittelemme sen tällä tavoin, voimme nähdä, että Jumala tekee työtä näillä kolmella erillisellä alueella. Uskon, että tähän mennessä olemme nähneet hänen työtään etupäässä kahdella näistä alueista: mielen ja tahdon.

Tultuasi uskoon huomaat melkein ensimmäiseksi, että Jumala haluaa muuttaa ajattelutapasi. Hän tekee työtä muuttaakseen ajattelusi, niin että sinulla olisi Kristuksen mieli — eli kunnes alat ajatella niin kuin Jumala ajattelee. Pyhän Hengen tehtävä on opettaa meille, *kuinka* Jumala ajattelee, ja paljastaa, *mitä* hän ajattelee, jotta voimme alkaa ymmärtää, mitä on vaeltaa yhteisymmärryksessä hänen kanssaan. Yksi minulle todella tärkeä raamatunjae on Roomalaiskirje 3:4 (engl. NKJV-käännös): "Olkoon Jumala totuudenmukainen, mutta jokainen ihminen valehtelija." Tämä hyvin voimallinen jae kertoo meille, että Jumala pitää kaikkein tärkeimpänä asiana elämässämme sitä, että voisimme hyväksyä *hänen* totuutensa. Hän haluaa meidän näkevän asiat hänen näkökulmastaan ja päästävän irti kaikesta, mikä on sen vastaista. Niinpä kaikki sellainen, mikä ei ole hänen ajattelutapansa mukaista, on valhetta!

Muistan, kun kerran juttelin Herralle kielilläpuhumisesta. Olin saanut Hengen kasteen ja puhunut kielillä jonkin aikaa, mutta parin vuoden kuluttua huomasin, että kielilläpuhuminen tuntui minusta turhalta ja pitkästyttävältä. Eräänä päivänä luin Raamatusta kohdan, jossa Paavali sanoo: "Kielillä puhuva rakentaa itseään" (1. Kor. 14:4). Se tarkoittaa, että rakennut uskossasi. Luettuani tämän jakeen sanoin Herralle: "Herra, tämä ei toimi minun kohdallani. Puhun kielillä, ja se on minusta melko tylsää!" Heti kun olin sanonut näin, sama jae oli jälleen vahvana mielessäni: "Kielillä puhuva *rakentaa* itseään." Sanoin uudelleen: "Se ei toimi minun kohdallani!" Herra toisti taas jakeen minulle, ja minä vastasin samalla tavalla. Sitten kuulin Herran sanovan minulle aivan selvästi: "*Toinen* meistä valehtelee."

Eikö hän olekin ihmeellinen? Hän kohtelee meitä valtavan armollisesti. Hän on puhunut minulle hyväntahtoisemmin kuin ikinä olisin voinut kuvitella. Niinpä sanoin: "Herra, olen pahoillani. Sinun sanasi on totta. Vaikka minusta ei tuntuisi siltä, se on silti totta." Sitten aloin puhua kielillä uskoen, että se rakentaa minua, ja silloin koin rohkaistuvani sydämessäni. Jos väität sitä vastaan, mitä Jumala sanoo, et saa kokea sitä, mitä hänellä on varattuna sinulle. Sinun ajattelusi tulee muuttua ja mielesi uudistua. Tavattuamme Jack Winterin minun ja Denisen elämässä tapahtui iso muutos alkaessamme uskoa, että rahaa voi tulla meille yliluonnollisesti eikä niin kuin kapitalismissa yleensä. Toisin sanoen: rahavarojen saamiseksi ei tarvita voittoa tuottavaa järjestelmää. Jack alkoi puhua meille uskosta raha-asioissa, uskosta Jumalan yliluonnolliseen huolenpitoon. Olen nähnyt rahan leijailevan kadulla tuulen mukana suoraan ojennettuun käteeni! Usko tai älä, rahaa kasvaa puussa! Meidän täytyy ohjelmoida ajattelumme uudelleen, jotta se tulisi Jumalan ajattelun kaltaiseksi. Meillä on upporikas Isä. Jos uskot, että raha liittyy aina kapitalismiin, olet juuttunut kiinni tähän järjestelmään ja panet uskosi mieluummin siihen kuin Jumalaan.

Jumala ohjelmoi uudelleen ajatteluasi pääasiassa sen kautta, että ravitset itseäsi Raamatun sanalla. Jos luet Raamattua, Henki muuttaa mieltäsi. Jumala muuttaa mieltäsi myös sen kautta, että oleskelet ympäristössä, jossa saarnataan Raamatun sanaa. Jos käyt seurakunnassa, jossa sekoitetaan ihmisviisautta Jumalan sanaan, mielesi ei muutu Kristuksen mielen kaltaiseksi. Mielestäsi käydään taistelua.

Myös tahdostasi taistellaan. Tullessamme Jeesuksen luo tahtomme ei alistu hänelle, vaan se haluaa kulkea omaa tietään kaikenlaisissa asioissa. Tahtomme voi olla täysin kesyttämätön ja ailahtelevainen. Meillä voi olla itsekuria joissakin asioissa mutta toisissa taas ei. Voimme jonakin hetkenä intoutua pyhittämään elämämme Jumalan tahdolle ja seuraavana hetkenä tehdä oman päämme mukaan. Voimme pyhittäytyä Jumalalle pikemminkin mahtaillaksemme kuin aidosti uskoen ja näin elää tekopyhyydessä.

Jumala haluaa viedä meidät siihen, että alistamme tahtomme hänen tahdolleen riippumatta siitä, kuka on meitä vastaan. Toisessa Mooseksen kirjassa on jae, jossa sanotaan: ”Älä eksy joukon mukana tekemään pahaa.” Toisin sanoen: vaikka tuhannet ihmiset tekisivät jotakin, minkä sinä tiedät vääräksi, hillitse itsesi, jotta voit vastustaa sitä. Jumala vaikuttaa tahtoomme asettaakseen sen samaan linjaan oman tahtonsa kanssa. Tämä prosessi jatkuu koko elämämme ajan joutuessamme erilaisiin valintatilanteisiin. On olemassa valintoja, jotka ovat juuri sinulle ratkaisevan tärkeitä ja määräävät tahdostasi käytävän taistelun lopputuloksen. Taistelu jatkuu, kunnes olet päässyt siihen pisteeseen — ja sinä kyllä pääset siihen — että vilpittömästi rakastat sitä, mitä Jumalakin rakastaa, ja silloin ei ole enää taistelua.

Tahtosi joutuu taisteluun vain silloin, kun Jumala haluaa sinun tekevän sellaista, mitä et oikeastaan haluaisi tehdä. Juuri siitä syntyy taistelu. Ollessani nuori uskova suurin taistelu minun kohdallani koski elämääni ammattimetsästäjänä. Tiesin, että Herra oli puhunut minulle, että jättäisin sen kokonaan. Kesti jonkin aikaa, ennen kuin viesti meni perille, mutta sitten koitti päivä, jolloin asia saavutti kriisipisteen. Eräänä iltana meillä oli vieraita, ja asia painoi minua niin valtavasti, etten kyennyt toimimaan normaalisti. Vetäydyin makuuhuoneeseen ja polvistuin itkien sängyn viereen. Jouduin kohtaamaan sen, mitä Jumala halusi minun tekevän, mutta en kuitenkaan pystynyt tekemään sitä. Hän halusi minun polttavan päiväkirjani ja valokuvani, hankkiutuvan eroon kivääristäni ja tuhoavan metsästysmuistot, joita olin kerännyt metsästysvuosieni aikana.

Olin jäänyt ansaan halutessani tehdä Jumalan tahdon mutta pitää samalla kiinni omaisuudestani. Nämä asiat olivat identiteettini ulkoisia merkkejä. Jotkut käyvät metsästämässä, mutta minä *olin metsästäjä*. Näiden kahden välillä on suuri ero. Yhtäkkiä Herran läsnäolo tuli huoneeseen ja täytti minut ilolla. Kyyneleeni vaihtuivat nauruksi, ja tulin täyteen Herran iloa. Kun se saavutti huippunsa, Herra puhui minulle sanoen: "Tee se nyt, niin kauan kuin sinulla on siihen voima!" Välittömästi ja epäröimättä menin kaapin luo ja otin sieltä valokuvani ja päiväkirjani, joihin olin kirjannut muistiin kaikki vuorilla viettämäni ajat. Koko elämäni oli noissa kirjoissa. Otin ne ja menin suoraa päätä olohuoneeseen, revin ne kappaleiksi, polvistuin ja heitin ne takkatuleen. Niiden palaessa täytyin uudelleen ilolla. En ollut tajunnut, kuinka paljon nämä asiat olivat sitoneet minua. Olin ollut sidottu metsästäjän identiteettiin, ja nyt hän vapautti minut Jumalan miehen identiteettiin. Herra haastaa sinut hankkiutumaan eroon ainoastaan sellaisista asioista, jotka estävät sinua. Hän ei ikinä ota pois mitään sellaista, mikä siunaa sinua. Hän haluaa päästä eroon asioista, jotka estävät häntä siunaamasta sinua entistä enemmän. Tämä oli esimerkki siitä, kuinka minä antauduin Herran tahdolle omassa elämässäni. Jos sinäkin vastaat hänelle tällaisissa valinnan paikoissa, saat voiton tahtoasi koskevassa taistelussa.

TAISTELU TUNTEISTASI

Taistelu mielestämme ja taistelu tahdostamme on hyvin tuttua meille kaikille. Myös tunteet ovat osa sieluamme, ja silläkin alueella käydään taistelua. En kuitenkaan usko, että meillä on ollut avainta tämän taistelun voittamiseksi — *ennen kuin olemme oppineet tuntemaan Isän rakkauden ja alkaneet kokea sitä.* Useimmat kristityt uskovat, että meidän on uudistettava mielemme ja alistettava tahtomme mutta tunne-elämän alueella vain pantava itsemme kuriin. Toisin sanoen: on uskottava totuuteen tarpeeksi määrätietoisesti, jotta tunteet olisivat sellaisia kuin niiden on tarkoitus olla. Kun siis uskoisimme mielen tasolla riittävän lujasti, sydämeemme tulisi rauha, kärsivällisyys, ystävällisyys, pitkämielisyys ja kaikki muu. Sanomme usein: "Tarvitsen lisää kärsivällisyyttä!" Vakuutan sinulle: et voi saada sitä! Kärsivällisyyttä ei voi hankkia. Kärsivällisyys tulee jonkin muun sivutuotteena. Sama koskee iloa, ystävällisyyttä ja lempeyttä. Ne ovat hedelmää. Ne ovat lähtöisin jostakin muusta. Hengen hedelmä tulee näkyviin tunteiden kautta. Hengen hedelmä on seurausta Isän rakkaudesta, eikä sitä saada aikaan itsekurilla.

Tunteistamme käydään taistelua. Se näkyy siinä, että tunteemme heiluttelevat hengellistä elämäämme. Etkö haluaisikin hypätä pois tunteiden vuoristoradalta? Etkö haluaisikin päästä pois tunteidesi määräysvallasta?

Ymmärrän varsin hyvin tämän taistelun. Minulle henkilökohtaisesti se on ollut hyvin todellista. Olen huomannut, että tunteiden tukahduttaminen ja hallitseminen voi sujua jonkin aikaa, mutta lopulta tulee hetki, jolloin tilanne räjähtää käsiin. Tapahtuu jotakin ylivoimaista, ja pato murtuu. Huomaat, ettet voi mitenkään hallita tunteitasi. Yhden asian voin kuitenkin sinulle sanoa: Herralla *on* varattuna kaikki, mitä tarvitaan.

Mitä oikein tarkoittaa jae, jossa Jeesus sanoo: "Olkaa turvallisella mielellä: minä olen voittanut maailman"? Millä tavalla Jeesus on voittanut maailman? Tässä puhutaan *hänen* tunteistaan käydystä taistelusta. Saatana halusi hallita Jeesusta, mutta Jeesus vastusti Saatanaa. Synnillä ei ollut mitään otetta häneen, mutta hän ei antanut myöskään *maailman* vaikuttaa häneen millään tavalla — hän voitti sen.

Jeesuksen elämä oli tosiasiassa tätä: viimeisinä päivinä ennen ristiinnaulitsemista Saatana heitti hänen päälleen kaiken mahdollisen, mitä maailma voi ylipäänsä jonkun ihmisen päälle heittää. Jeesus oli voittanut kiusaajan heti palvelutyönsä alussa, mutta sitten hän sanoi: "Tämän maailman ruhtinas on jo tulossa. Mitään valtaa ei hänellä minuun ole." (Joh. 14:30) Jeesus tiesi, että maailman järjestelmän takana oleva voima oli tulossa takaisin yrittääkseen vaikuttaa häneen. Jeesus tiesi, että Saatana päästäisi valloilleen kaiken, mitä vain saisi kasaan tästä maailmasta, kääntääkseen hänet pois Isän tahdon täyttämisestä. Efesolaiskirjeen toisessa luvussa Saatanaa kutsutaan "avaruuden henkivaltojen hallitsijaksi, siksi hengeksi, joka yhä vaikuttaa tottelemattomissa ihmisissä". Toisessa raamatunkohdassa (Ilm. 12:9, vuoden 1938 suomennos) Saatanaa sanotaan "koko maanpiirin villitsijäksi". Hän on maailman henki, joka vaikuttaa siihen, miten maailma toimii. Saatana ohjailee maailmaa kulkemaan hänen teitään.

Eläessämme maailmassa olimme täysin puolustuskyvyttömiä tätä vastaan. Ennen kuin synnymme uudesti, emme ole vapaita maailmasta. Itse asiassa et ehkä edes uskonut Saatanan olemassaoloon, ennen kuin uudestisynnyit. Vasta silloin tajusit, että olit pelastunut hänen kynsistään ja olit pääsemässä vapaaksi hänestä.

Jeesus tiesi, että se aika oli lähellä, jolloin Saatana ryhtyisi viimeiseen hyökkäykseensä. Tämä hyökkäys alkoi Getsemanen puutarhassa. Siellä Jeesus huudahti Isälleen: "Isä, jos se on mahdollista, niin menköön tämä malja minun ohitseni." Toisin sanoen: "Jos voisin jollakin tavoin välttyä kokemasta sitä, mikä on tulossa, niin menköön se ohitseni." Sitten hän antautui Isän tahdolle. "Malja", jonka hän toivoi voivansa välttää, *ei ollut* ristiinnaulitsemisen malja. Se malja, josta hän puhui, oli syntien kantamisen malja. Hän oli Jumalan Karitsa, jonka päälle pantiin kaikki ihmiskunnan menneet, nykyiset ja tulevat synnit.

En voi edes kuvitella, miltä Jeesuksesta on tuntunut, kun kaikkina aikoina tehdyt synnit pantiin hänen päälleen. Kaikista synneistä kertynyt syyllisyys ja toivottomuus laskeutui tunnetasolla Jeesuksen päälle Getsemanen puutarhassa. Sen aiheuttama järkytys ja trauma sai hänet hikoilemaan verta. Synti asettaa kauhean taakan ihmisen päälle. Pelastuessani koin valtavan helpotuksen, kun synnin taakka nostettiin pois. Silloin en tajunnut, minne se meni. Se meni Jeesuksen päälle! Se on asia, jota ei pysty edes kuvittelemaan. Raamattu sanoo, että Jeesus *tuli* synniksi. Hän siis koki seuraukset koko maailman kaikkina aikoina tekemistä synneistä. Pyhä tuli synniksi. Tämä koko kauheus tapahtui Getsemanessa. Isän läsnäolon tunne hävisi välittömästi. Jeesus otettiin kiinni ja häntä ruoskittiin. Olet ehkä nähnyt elokuvan *The Passion of the Christ* (Kristuksen kärsimyskertomus), mutta siinä ei näytetä puoliakaan siitä. Häntä lyötiin piiskalla, minkä on täytynyt murskata hänen kasvonsa tunnistamattomiksi. Sitten roomalaiset ruoskivat hänet. Roomalainen ruoskinta oli muita paljon ankarampi. He käyttivät ruoskia, joissa oli koukkuja, teriä ja luunpalasia. Se irrotti lihan luista, ja ellei ihminen kuollut siihen, hän aivan varmasti jäi raajarikoksi koko loppuelämäkseen.

Suurimpia kärsimyksiä Jeesukselle oli kuulla Israelin johtajien huutavan yhä uudelleen: "Ristiinnaulitse! Ristiinnaulitse!" He johtivat Israelia, jota hän rakasti morsiamenaan. Saatana teki todellakin kaiken mahdollisen saadakseen Jumalan Pojan kärsimään tappion tunne-elämässään. Ristillä riippuessaan Jeesus oli kuitenkin enemmän huolissaan muista kuin itsestään. Hän huolehti äidistään ja Johanneksesta. Hän huolehti vierellään olevasta rikollisesta. Hän rukoili ristiinnaulitsijoidensa puolesta. Kaiken keskellä hän täytti edelleen Isän täydellisen tahdon eikä koskaan menettänyt malttiaan. Heprealaiskirje 12:2 sanoo: "Edessään olleen ilon tähden hän häpeästä välittämättä kesti ristillä kärsimykset." Hän suhtautui tilanteeseen täydellisesti. Hän ei missään vaiheessa vihastunut, tuntenut itsesääliä eikä luopunut päämäärästään. Hän jatkoi eteenpäin tehden kaiken täydellisesti, vaikka koki suurempaa emotionaalista piinaa kuin kukaan ihminen on koskaan kokenut. Hän voitti kaiken, millä maailma koetti tuhota hänet, antamatta sen vaikuttaa tunteisiinsa ja reagoimatta siihen lihallisesti.

Millä tavoin Jeesus voitti maailman

Kysymys, joka nousee mieleeni, kuuluu: kuinka hän sen teki? Kuinka hän onnistui säilyttämään mielenrauhansa? Uskon, että Jeesus kykeni käymään läpi tämän kaiken siksi, että hänellä oli yhteinen historia Isän kanssa. Hänellä oli luja ja varma kokemus siitä, että Isä rakasti häntä. Hän oli järkkymättömän vakuuttunut siitä, että häntä rakastettiin kaikella maailmankaikkeudessa olevalla rakkaudella. *Sen* rakkauden voimasta hän kykeni tyynesti kestämään kaiken, mitä joutui kestämään.

Uusi liitto *on* sitä, että Jumalan rakkaus on vuodatettu sydämiimme. Kun hänen rakkautensa virtaa ehtymättä sydämeesi ja yhä vain lisääntyy siellä, lopulta käy niin, että hänen rakkautensa sinua kohtaan muuttuu todellisemmaksi kuin ne ongelmat, joita maailma heittää tiellesi. Tunne siitä, että Isä rakastaa sinua, jättää viimein varjoonsa elämässäsi kuohuvat tunteet. Hänen rakkaudestaan tulee elämäsi päällimmäinen todellisuus. Hänen rakkautensa vaikuttaa sinuun niin vahvasti, että se saa automaattisesti aikaan iloa, vaikka olisit keskellä vaikeita elämän myllerryksiä.

Muistan erään naisen, joka oli kerran kokouksessamme. Hän oli ajanut kolarin matkallaan kokoukseen ja oli hyvin hermostunut miettiessään, miten kertoisi asiasta miehelleen. Isän rakkaus kosketti häntä kokouksen aikana, ja kun hän alkoi nauraa, kaikki huoli oli kuin poispyyhkäisty. Isän rakkaus tuli entistä todellisemmaksi hänelle ja täytti hänet ilolla. Kun Isän rakkaus virtaa sydämeesi, se saa automaattisesti aikaan muutoksen myös tunteissasi!

Hänen rakkautensa, joka on vuodatettu sydämeesi, tekee sinut iloiseksi silloinkin, kun ympärilläsi näyttää tapahtuvan pahoja asioita. Et koskaan pääse eroon maailman koettelemuksista. Niitä tapahtuu koko elämäsi ajan, mutta niiden *vaikutus* jää hänen rakkautensa varjoon. Useimmat meistä yrittävät saada sisäiset asiat kuntoon tarttumalla ulkoisiin ongelmiin. Ajattelemme, että kunhan saamme kaiken rauhoittumaan ulkopuolellamme, meillä on rauha sydämessämme. Jos saan kaikki iloisiksi ympärilläni, *minä* voin olla iloinen. Jos saan kaiken mukavaksi ulkopuolella, tunnen oloni mukavaksi sisäpuolella. Jos kaikki on hyvässä järjestyksessä ja turhautumiset minimoitu, en turhaudu sisäisesti. Jos voin estää toisia olemasta turhauttavia ihmisiä, minun ei tarvitse turhautua. Yritämme saada elämän ulkoiset asiat kuntoon, jotta voisimme kokea rauhaa. Siitä on oikeastaan kyse riidoissa ja väittelyissä. Epäsopu ja vihamielisyys ihmisten välillä on pohjimmiltaan tätä: jos vain saan *sinut* tekemään oikein, voin olla onnellinen.

Asia on kuitenkin niin, että toinen ihminen tekee *aina* väärin. Ihmiset ympärilläsi eivät *koskaan* tee asioita niin kuin sinä haluaisit. He tekevät aina asioita, jotka turhauttavat sinua. Maailmassa me *koemme* ahdistusta. Se ei muuksi muutu. Tämä on paras uutinen, jonka voit kuulla! Miksi? Siksi, että silloin voit alkaa käsitellä asiaa. Jos uskot, että tilanne muuttuu, sinä vain odotat sitä päivää, jolloin kaikki tulee paremmaksi. Odotat päivää, jolloin miehesi tai vaimosi muuttuu, tai päivää, jolloin lapsesi vihdoinkin tajuavat asiat. Odotat päivää, jolloin saat uuden pomon tai uuden työpaikan tai unelmiesi auton. Odotat aina päivää, jolloin kaikki on täydellistä.

Voitko ymmärtää ja tajuta, että vaikka yksi asia muuttuisi paremmaksi, jotakin muuta ikävää tulee tilalle? Tässä maailmassa *on* ahdistusta. Näin on aina oleva, ja tilanne jatkuu samanlaisena lopun elämääsi. Mutta jos sisäpuolella palaa tuli, et tunne ulkopuolella olevaa kylmyyttä. Jos sinulla on rauha *sisäpuolella*, ulkopuolella vallitseva sekasorto ei vaikuta sinuun. Jos sisimmässäsi on ilo, olosuhteet saattavat kyllä häilyä ja muuttua, mutta *mikään* ei liikauta sydämessäsi olevaa iloa. Jos sisimpäsi on täynnä hänen rakkauttaan, elämäsi ongelmat eivät saa sinua järkkymään.

Maailman voittaminen ei ole sama asia kuin sen kuntoonsaaminen. Monet ihmiset haluavat laittaa maailman kuntoon. He haluavat korjata poliittisen järjestelmän. He haluavat saada oikean puolueen hallitukseen tai oikean presidentin valtaan. Monet kristityt yrittävät korjata tätä maailmaa. Ajattelemme, että jos voimme vihdoinkin panna ympärillämme olevan maailman kuntoon, voimme kaikki elää rauhassa. Totuus on tämä: näin ei koskaan tapahdu.

VOITTO, JOKA VOITTAA MAAILMAN

Ulkopuolella riehuvista myrskyistä huolimatta sinulla voi olla rauha. Jumala on valmistanut tien. Mikä se on? Se on Isän rakkaus, joka vuodatetaan sydämeesi. Kun hänen rakkautensa vuotaa sydämeesi, tiedät ilman epäilyksen häivää, että kaikkivaltias Jumala, sinun Isäsi, todella rakastaa sinua. Muistutan mielelläni itseäni siitä, että Isäni vain sattuu olemaan kaikkivaltias Jumala!

Kun tulet täysin vakuuttuneeksi siitä, että kaikkivaltias Jumala rakastaa sinua isänrakkaudellaan, huomaat, ettei oikeastaan ole kovin tärkeää, mitä ympärilläsi tapahtuu. Maailman ongelmat? Entä sitten! Hänen rakkautensa vie sydämesi sellaiseen rauhan paikkaan, että vaikka maailmassa riehuisi sota, sisimmässäsi on rauha. Alan oppia, että siinä paikassa on hyvä olla. Se on hyvin erilainen paikka kuin se, missä ennen olin. Merkittävin osoitus tästä muutoksesta on se, että oma perheeni on huomannut sen. Minussa tapahtunut muutos on järkyttänyt heitä. Olen hyvin erilainen ihminen kuin ennen.

On kyse Jeesuksen kaltaiseksi tulemisesta. Jeesus eli vielä pahemmassa maailmassa kuin nykyinen maailmamme. Hän eli orjuutetun kansakunnan keskuudessa ja sen kaikkein köyhimmässä osassa. Mutta hän kasvoi kokien Isänsä rakkautta ja sisäistä rauhaa, iloa, rakkautta ja tyytyväisyyttä. Hän eli maailman myllerrysten yläpuolella, ja niinpä hän pystyy vapauttamaan meidätkin niistä!

Muutos tunne-elämässäni ei tapahtunut silloin, kun ymmärsin Jumalan rakastavan minua isänä. Se ei tapahtunut myöskään silloin, kun hän paransi sydämeni monista haavoista. Voitto tunne-elämässäni on tullut vasta sen jälkeen, kun olen oppinut *kokemaan* hänen rakkauttaan *pidemmän* ajan kuluessa: kokemaan sitä päivästä toiseen. Edelleenkin ilmaantuu kaikenlaisia asioita, jotka uhkaavat vaikuttaa tunteisiini. Kerron erään kokemukseni.

Joitakin vuosia sitten olin Ukrainassa. Olin matkustanut kauas maaseudulle, noin kahdentoista tunnin junamatkan päähän Kiovasta. Paikka oli hyvin syrjäinen, ja minun oli määrä olla siellä viikonlopun ajan puhumassa. Tarkoitukseni oli palata Kiovaan maanantaiaamuna ehtiäkseni lentokoneeseen, joten minun oli tultava takaisin sunnuntaina yöjunalla. Saapuessani paikalle pastori sanoi, ettei hän ollut onnistunut saamaan minulle paluulippua junaan. Kysyin häneltä, mitä meidän pitäisi tehdä asialle, mutta hän vastasi vain, että kaikki liput oli loppuunmyyty. Päätin luottaa siihen, että Jumala järjestäisi minut takaisin Kiovaan.

Palvelimme kaksi päivää tuossa syrjäisessä paikassa. Puoli tuntia saapumiseni jälkeen kastoin pienessä lammessa kaksikymmentä ihmistä. Sitten pastori jätti minut joidenkin ihmisten huostaan ja häipyi. Vietin viisi tuntia näiden ihmisten seurassa, jotka eivät osanneet sanaakaan englantia. En tiennyt, mitä oikein oli menossa ja voisinko ylipäänsä luottaa tähän mieheen, joka oli hylännyt minut sinne. Lopulta hän palasi ja vei minut paikkaan, jossa yöpyisin. Seuraavana aamuna puhuin eräässä seurakunnassa, ja sen jälkeen meidän täytyikin jo rientää toiseen seurakuntaan, jossa minun oli määrä puhua. Ajoimme kovalla vauhdilla pitkin hirveän kuoppaisia teitä. Päästyämme toiseen seurakuntaan avasin laukkuni juuri ennen kuin olin nousemassa puhumaan. Olin kauhuissani huomatessani, että vesipullo oli vuotanut ja kastellut kannettavan tietokoneeni läpimäräksi. Käynnistin sen, mutta näytölle ilmestyi ainoastaan teksti: "Käyttöjärjestelmää ei löydy." Sammutin sen nopeasti, mutta uskoin, että tietokoneelta oli kadonnut kaikki — kaikki työt, kaikki sähköpostiosoitteet, kaikki oli mennyttä. Sitten minun täytyi nousta puhumaan Isän rakkaudesta.

Jollakin tavoin selvisin kokouksesta. Useimmat 800 seurakuntalaisesta halusivat, että rukoilisimme heidän puolestaan kokouksen jälkeen. Rukoilimme niin monien puolesta kuin ehdimme, kunnes emme voineet viipyä enää pitempään. Ryntäsimme rautatieasemalle, missä pastori juoksi ympäri asemalaituria yrittäen löytää jonkun, joka pystyisi jollakin konstilla hankkimaan lipun, ja hän myös onnistui siinä. Pääsin Kiovaan menevään yöjunaan ja yritin saada nukuttua kapeassa sängyssä täyteen ahdetussa haisevassa vaunussa. Lopulta tulimme Kiovan asemalle, ja minulla oli puolitoista tuntia aikaa ehtiä lentoasemalle. Minulla oli lento Frankfurtiin ja sieltä edelleen Müncheniin. Tullessamme lentoasemalle autonkuljettaja kysyi: "Onhan sinulla lähtöselvityslomake?" Vastasin: "Mikä lähtöselvityslomake?" En muista saaneeni mitään sellaista, itse asiassa passiani ei ollut edes leimattu tullessani maahan.

Asiat menivät yhä huonompaan suuntaan. Tarvitsin lähtöselvityslomakkeen päästäkseni pois maasta. Pitkään kestäneen hämmingin ja neuvottelemisen jälkeen minut päästettiin tarkastuksen läpi ilman lähtöselvityslomaketta. Tullessani täpötäyteen lähtöaulaan portilla ei näkynyt minkäänlaista liikettä. Odotimme tuntikausia, ja sitten ilmoitettiin, että lento oli peruutettu. Kaiken kukkuraksi ilmoitettiin, että kaikki liput oli uusittava. Tiski, josta uudet liput piti hakea, sijaitsi hyvin kapean käytävän perällä. Kaikki samalle lennolle aikovat ihmiset menivät matkatavaroineen jonottamaan tähän ahtaaseen tilaan. Syntyi täysi kaaos. Tunteet kuohuivat. Päästyäni vihdoin tiskin luo ja saatuani lipun lähdin jonottamaan bussia, joka veisi meidät lentoyhtiön järjestämään hotelliin. En kuitenkaan pystynyt karistamaan mielestäni levottomuuden tunnetta saamani korvaavan lipun suhteen. Menin erään virkailijan luo ja pyysin häntä katsomaan lippuani. Hän vain pudisteli päätään. Lippuni oli väärä!

Minun ei auttanut muu kuin luottaa, että hän hankkisi minulle oikean lipun, ja niin annoin passini hänelle. Näkisinkö sitä enää koskaan? Pääsisinkö ikinä pois tästä maasta? Onneksi hän hankki minulle kunnon lipun, ja pääsin lentämään Frankfurtiin seuraavana aamuna ja sieltä edelleen Müncheniin. Saavuttuani sinne seisoin matkatavarahihnan luona odottamassa matkalaukkuani. Odotin turhaan. Laukku oli kadonnut! Muistathan, että kannettava tietokoneeni ei toiminut, joten en saanut lähetettyä kenellekään sanaa, että olen päivän myöhässä. Kukaan ei ollut minua vastassa lentoasemalla. Päätin mennä hotelliin Münchenissä saadakseni hiukan nukuttua. Valvoin koko yön, koska ihmiset tömistelivät koko ajan edestakaisin käytävällä huoneeni ulkopuolella. Herättyäni seuraavana aamuna matkalaukkuni oli löytynyt ja oli jo odottamassa minua. Päätin lähteä rautatieasemalle ja mennä junalla siihen paikkaan, jossa minun oli määrä asua. Astuessani ovesta ulos kadulle huomasin pian, että hotelli, jossa olin yöpynyt, sijaitsi keskellä punaisten lyhtyjen aluetta! Minun oli päästävä sieltä pois mitä pikimmin!

Pääsin junaan, joka meni määränpäähäni, mutta sen reittiä oli ratatöiden takia muutettu. Kun lopultakin pääsin isäntäperheeni taloon, siellä ei ollut ketään kotona, mutta naapurilla oli avain, ja hän päästi minut sisään. Kävelin taloon ja suljin oven perässäni.

Panin tietokoneeni pyykinkuivauskaappiin, jossa se kuivui. Koettelemus oli vihdoinkin ohi.

Tässä maailmassa kaikki, mikä voi mennä vikaan, menee vikaan. Sinun tunteistasi *on* käynnissä taistelu. Maailma heittää tiellesi kaiken, minkä suinkin voi. Taistelu voitetaan avaamalla sydän Isän rakkaudelle. Kun hänen rakkautensa menee yhä syvemmälle sydämeesi, tulet yhä vakuuttuneemmaksi hänen rakkaudestaan sinua kohtaan. Kokiessasi tätä rakkautta se kerääntyy sisimpääsi ja *muuttaa* tunteesi. Alat kokea rauhaa silloinkin, kun kaikki menee pieleen. Hänen rakkautensa sinua kohtaan tulee konkreettisemmaksi ja tärkeämmäksi kuin muut asiat. Olet kiinnostunut toisten ongelmista, vaikka omasi olisivat vielä isompia. Kun olet täynnä hänen rakkauttaan, et ole enää huolissasi omista ongelmistasi.

Hänen rakkautensa, joka on vuodatettu sydämeesi, on *ainoa* asia, joka vakauttaa tunteesi. Tunne-elämän vakaus ei synny siten, että yrität tulla vakuuttuneeksi joistakin Raamatun totuuksista. Todellisuudessa hän rakastaa sinua juuri nyt. On jännittävä seikkailu oppia, kuinka voi kokea hänen rakkauttaan yhä enemmän. Tämä on se voitto, joka voittaa maailman.

~

Rakkaudessa pysyminen

Kuten sanoin johdannossa, olen kirjoittanut tämän kirjan yhtä päätarkoitusta varten. Kirja on tarkoitettu niille, jotka ovat tulevaisuudessa evankeliumin viestinviejiä. Uskon vakaasti, että evankeliumi on — sellaisena kuin Jumala sitä haluaa saarnattavan — hyvä uutinen Isän rakkaudesta, jonka voimme tuntea ja kokea. Se on elämän puu. Se on ilosanoma.

Olen kuitenkin huomannut, että seurakunta on kautta historian tiennyt varsin vähän rakkaudesta. Niiden yli neljänkymmenen vuoden aikana, jolloin olen ollut uskossa, olen havainnut, että olemme Kristuksen ruumiissa joutuneet todella kamppailemaan voidaksemme rakastaa toisiamme. Johtajilla on kilpailijoita seurakunnissa. Kirkkokunnat ovat riidoissa toistensa kanssa. Monet uskovat ovat kateellisia toisilleen. Hajaannus ja eripuraisuus rehottaa Kristuksen ruumiissa. Rakkaudesta kyllä puhutaan paljon, mutta kovinkaan usein siinä ei aidosti eletä. Tämän ja Uuden testamentin todellisuuden välillä näyttää olevan ammottava kuilu.

Monet Uuden testamentin väittämät ovat hämmentäviä. Jopa Pietari myönsi, että hänen mielestään jotkin Paavalin lausunnot ovat vaikeasti ymmärrettäviä. Myös eräät Johanneksen sanomat asiat ovat vaikeita ottaa vastaan, *ennen kuin* alamme ymmärtää, mistä hän puhuu. Haluan tarkastella muutamia kohtia Johanneksen kirjeistä, erityisesti Ensimmäisen Johanneksen kirjeen neljännestä luvusta. Siinä luvussa on väittämiä, joiden suhteen olen joutunut kamppailemaan, kuten esimerkiksi jae 8, jossa sanotaan: *Joka ei rakasta, ei ole oppinut tuntemaan Jumalaa.* Sekoitamme raamatullisen rakkauden käsitteen omaan kykyymme rakastaa. Kun Raamattu puhuu tässä rakkaudesta, siinä tarkoitetaan tietenkin *Jumalan* rakkautta. Se on aivan erityistä rakkautta.

Monet tuntevat kreikan kielen rakkautta tarkoittavat sanat: *fileo, eros, storge* ja *agape.* Näitä sanoja käytetään kuvailemaan rakkautta eri ilmenemismuodoissaan. Olemme koettaneet ymmärtää Raamattua tutkimalla sanoja, jotka kulloinkin esiintyvät tietyissä kohdissa. Voimme katsoa alkutekstiä ja nähdä, mitä sanaa siinä on käytetty. Meillä on käytössämme apuvälineitä, kuten *Vine's Expository Dictionary* -sanakirja sekä kreikan kielen sanakirjat. Nämä auttavat meitä saamaan käsityksen siitä, mitä tietty sana itse asiassa tarkoittaa, ja ne ovat meille suureksi avuksi. Mutta todellisuudessa emme koskaan ymmärrä, mitä Raamattu tarkoittaa, *ellemme* saa ilmestystä. Ellei rakkauden *perimmäinen olemus* kosketa meitä ja ellei Jumala todella avaa silmiämme, emme pääse sisälle siihen, mitä Raamattu haluaa meille opettaa. Tutkiminen voi auttaa meitä ymmärtämään monia asioita, mutta se ei yllä lähellekään sitä, mitä tapahtuu, kun Pyhä Henki avaa hengelliset silmämme näkemään jotakin.

Muistan, kun keskustelin erään miehen kanssa vuosia sitten ja kysyin häneltä: "Uskotko, että Raamattua voidaan ymmärtää täydellisesti pelkästään tutkimalla sitä?" Hän vastasi yksiselitteisesti: "Kyllä!" Minä puolestani vastasin siihen: "Tässä on ero meidän välillämme, koska minä uskon, että Raamattua voidaan ymmärtää ainoastaan ilmestyksen kautta!" Raamatun ovat kirjoittaneet henkilökohtaisessa *herätyksessä* olevat ihmiset, siinä kerrotaan *herätyksestä*, ja sitä voidaan kunnolla ymmärtää vain *herätyksessä*. Sitä voidaan kunnolla ymmärtää vain silloin, kun Jumalan läsnäolo ilmenee meidän elämässämme. Kun käytän sanaa "herätys", en tarkoita herätyksen vuodatusta ilmiönä. Puhun pikemminkin sydämen herätyksestä, jolloin ihmisen sydän avautuu Pyhän Hengen kosketukselle. Jumalan Henki, joka asuu sinussa, opettaa sinulle Raamatun kirjoituksia. Ensimmäinen Johanneksen kirje 2:27 puhuu "voitelusta, joka pysyy". Se voitelu on Jumalan Henki meidän sisimmässämme, ja ainoastaan Jumalan Henki voi todella tulkita Jumalan sanaa meille. Oma tutkimisemme ei voi koskaan yltää siihen.

Katsoessamme Ensimmäisen Johanneksen kirjeen neljättä lukua kohtaamme heti ongelman, joka vaikuttaa tämän luvun ymmärtämiseen. Ongelma on tämä: Johannes ei kirjoittanut loogisessa järjestyksessä. Itse asiassa Raamattua kokonaisuudessaan ei ole kirjoitettu loogisesti ja järjestystä noudattaen. Isot aiheet ja ydinlauseet on kätketty tekstin sekaan. Niitä ei ole lihavoitu tai alleviivattu, niin että satunnainenkin lukija voisi ne helposti havaita. Pyhän Hengen täytyy korostaa tärkeitä asioita meidän hengellemme. Raamatussa ei ole ensin kohtaa 1, jonka jälkeen tulee kohta 2 ja näiden alla taas tietyt alakohdat. Jos Raamattu olisi kirjoitettu näin, olisi paljon helpompi ymmärtää, mitä siihen on kirjoitettu. Raamattu ei avaudu sellaiselle, joka lähestyy Jumalaa puolihuolimattomasti. Se avautuu sydämellemme Pyhän Hengen kautta.

Haluan nostaa esiin muutaman apostoli Johanneksen sanoman asian, jotka uskoakseni ovat tämän kirjeen pääkohtia. Ensimmäinen näistä on jakeessa 19. Koko tämä luku ja sen sisältö nojaavat tähän jakeeseen. Jae 19 kuuluu: "Me rakastamme, koska Jumala on ensin rakastanut meitä." Tämä jae julistaa yksiselitteisesti, ettemme voi päästä rakkauden kokemiseen emmekä voi elää siinä, ellemme koe todellisena sitä, että Jumala ensin rakastaa meitä. Tässä on asian ydin.

Jumala, rakkauden lähde

Jumala on alkuperäinen rakastaja. Hän on rakastanut sinua ennen kuin sinä aloit rakastaa häntä. Tuntiessamme Jumalan rakkautta toisia kohtaan sen koko olemus, todellisuus ja energia kumpuavat siitä, että koemme hänen rakastavan meitä. Me rakastamme, koska hän on *ensin* rakastanut meitä. Hänen rakkautensa ei ole vain kertaluonteinen historiallinen tapahtuma. Hän rakastaa meitä koko ajan, jatkuvasti. Meillä on taipumus rajata menneisyyteen, Jeesuksen aikaan tällaiset lauseet: "Jumala on rakastanut maailmaa niin paljon, että antoi ainoan Poikansa." Pidämme puhtaasti historiallisena tapahtumana, että hän lähetti Poikansa kuolemaan puolestamme. Mutta kysymys kuuluu: rakastaako Jumala maailmaa vielä tänäänkin? Meille ei tuota vaikeuksia hyväksyä sitä, että hän rakasti maailmaa ensimmäisellä vuosisadalla, jolloin Jeesus syntyi vauvana Betlehemin seimeen, mutta rakastaako Jumala maailmaa *tänä* päivänä? Rakastaako hän tänään esimerkiksi muslimeja? Rakastaako hän *edelleen*, kaksituhatta vuotta myöhemmin rikollisia ja prostituoituja? Joskus tunnen oloni vaivautuneeksi miettiessäni tätä. Voimme hyväksyä sen, että Jumala on muinoin rakastanut maailmaa. Tämä on suhteellisen helppo käsittää, koska sen karu ja sekasortoinen todellisuus on kaukana meistä. *Mutta rakastaako hän maailmaa samalla tavalla nyt?* Arkielämän kokemusten keskellä meillä on täysi työ rakastaa ihmisiä, jotka tekevät asioita, joista emme pidä. Mutta onko silti totta, että Jumala rakastaa *tätä* maailmaa, jossa elämme, ja kaikkia ihmisiä siinä — *nyt?*

Olisi mielenkiintoista tietää, millainen Jeesuksen ajan maailma todella oli. Millaisia hirmutekoja maapallolla tehtiin silloin, kun Jeesus eli täällä? Aivan varmasti silloin syyllistyttiin julmuuksiin, esimerkiksi orjuuden harjoittamiseen. Orjuus on edelleen yksi pahimpia epäkohtia maailmassa, mutta siihen aikaan tilanne oli vielä pahempi. Orjuus oli perustava ja laajalle levinnyt osa yhteiskuntarakennetta. Mitä tapahtui esimerkiksi Kiinassa niinä vuosina, jolloin Jeesus vaelsi maan päällä? Mitä tapahtui jossakin kaukaisessa, sen ajan kirjoittajille tuntemattomassa valtakunnassa? Jeesuksen ajan maailma ei ollut yhtään nykymaailmaa parempi, eikä Jumalan ollut sen vuoksi helpompi rakastaa sitä. Hänen rakkautensa ei virrannut vuolaammin ensimmäisellä vuosisadalla kuin 2000-luvulla. Hän rakastaa maailmaa kaiken aikaa! Emme aina näe tätä todellisuutta. Meidän on vaikea käsittää, että Jumala rakastaa joka ikistä ihmistä maailmassa juuri nyt.

Johannes sanoo, että me rakastamme, *koska* hän on ensin rakastanut meitä. Tämä lause on akseli, jonka ympäri koko luku pyörii. Tämä on nähdäkseni otsikko, jota Pyhä Henki alleviivaa. Tämä on lause, jonka hän on kirjoittanut lihavoidulla tekstillä. Se määrittelee kaikki muut rakkaudesta puhuvat lauseet.

RAKKAUS ON AIDON
KRISTILLISYYDEN TUNNUSMERKKI

Katsoessamme taaksepäin jakeesta 19 näemme jakeessa 7 toisen lauseen, jonka haluan nostaa esiin. Tämä oli minulle aikoinaan hyvin hankala jae. Apostoli Johannes kirjoitti kirjeensä kristityille, jotka olivat jo saaneet runsaasti vääriä vaikutteita. Yksi sen ajan pahimmista harhaopeista oli gnostilaisuus, joka oli vahvasti tunkeutumassa alkukristilliseen yhteisöön. Johannes kirjoitti tämän kirjeen vastustaakseen sen vaikutusta, ja hän tekee sen kuvailemalla, millaista aito kristillisyys todellisuudessa on. Minusta tämä on varsin mielenkiintoista. Miksi? Siksi, että valtaosa tästä kirjeestä käsittelee rakkautta. Kirjeessään Johannes julistaa selkeästi, että rakkaus on todella aidon krsitillisyyden tunnusmerkki. Ensimmäinen Johanneksen kirje 4:7 sanoo: "Rakkaat ystävät, rakastakaamme toisiamme, sillä rakkaus on Jumalasta. Jokainen, joka rakastaa, on syntynyt Jumalasta." Muistan, että lukiessani tätä jaetta se tuotti minulle paljon päänvaivaa.

Minulla oli täti, joka oli erittäin rakastava ihminen, mutta tietääkseni hän ei ollut uskossa. Hänen sisarustensa lapset nauttivat aina suuresti saadessaan olla hänen luonaan, koska hän oli niin ihana ihminen, mutta hän ei koskaan sanonut olevansa "uudestisyntynyt". Tässä raamatunkohdassa kuitenkin sanotaan, että jokainen, joka rakastaa, on syntynyt Jumalasta! Miten nämä käyvät yksiin? Ehkä tätini oli salaisesti uskossa? Mistä tämä Johanneksen väittämä oikein puhuu?

Ongelma siinä on se, kuinka sana "rakkaus" määritellään. Tässä ei puhuta ihmisestä, joka rakastaa pelkästään inhimillisen mittapuun mukaan tai on luontaisesti rakastava. Tämä jae puhuu ihmisestä, joka on ottanut vastaan *Jumalan rakkauden.* Totuus on, että jos olet vastaanottanut Jumalan rakkauden, sinä *rakastat.* Et voi mitään muuta.

"Jokainen, joka rakastaa, on Jumalasta syntynyt ja tuntee Jumalan." Seuraavassa jakeessa teksti jatkuu: "Joka ei rakasta, ei ole oppinut tuntemaan Jumalaa, sillä Jumala on rakkaus." Nämä väittämät ovat olleet minulle valtavan iso ongelma. Kuinkahan moni muukin on kamppaillut samojen jakeiden kanssa? Joka ei rakasta, ei tunne Jumalaa! Miksi tämä herätti minussa niin paljon tyrmistystä monien vuosien ajan? Koska uskoin, että se, joka ei rakasta, ei ole *uudestisyntynyt*.

Minä näet yhdistin "Jumalan tuntemisen" ja "uudestisyntymisen" toisiinsa. Kun uudestisynnyt, tulet tuntemaan Herran, ja Jumala tulee Jeesuksessa sinulle todelliseksi, eikö niin? Minun tapani tulkita tätä jaetta asetti siis kyseenalaiseksi uudestisyntymisen todellisuuden. Olin ehdottoman varma siitä, että olin aidosti uudestisyntynyt, mutta oli monia ihmisiä, joita en rakastanut. Kamppailin todella sydämessäni voidakseni rakastaa tiettyjä ihmisiä. Tosiasiassa tullessani Herran luo en luottanut sydämessäni yhteenkään ihmiseen. Pohjimmiltani en luottanut kehenkään koko maailmassa. Olin torjunut maailman. Ollessani nuori mies halusin vain elää vuorilla erakkona. Se johtui siitä, että uskoin ihmisten aina satuttavan minua ja hylkäävän minut. Ajattelin, että jos voisin elää ilman muita ihmisiä, voisin myös elää ilman kipua. Minusta tuli kauriinmetsästäjä, ja asuin yksinäni vuorilla. Ammuin kauriita, kannoin ne vuorilta kaupunkiin, myin ne, palasin vuorille ennen pimeäntuloa ja olin jälleen yksin. Kymmenvuotiaasta lähtien minulla oli ollut palava halu ryhtyä erakoksi. Siinä oli kuitenkin yksi ongelma, jonka ennen pitkää huomasin: en kestänyt yksinäisyyttä.

Olen jälkeenpäin ajatellut, että minun on täytynyt olla melko ylimielinen torjuessani kelvottomana koko ihmiskunnan! Olen usein sanonut Deniselle, että tunsin ikään kuin olevani ihmiskunnan ulkopuolella, tarkkailemassa sitä ikkunan läpi. Olen sanonut hänelle monta kertaa vuosien mittaan: "Olenko minä todella ihminen?" Tunsin olevani aivan irrallaan siitä, millaisia käsitin kaikkien muiden olevan.

Mitä siis pitäisi ajatella jakeesta 8, jossa sanotaan, että se, joka ei rakasta, ei ole oppinut tuntemaan Jumalaa, kun tietää varmasti olevansa uudestisyntynyt, mutta sydämessä ei ole rakkautta ihmisiä kohtaan? Luulen, että voimme kaikki jossakin määrin samastua tähän. Herra on tehnyt paljon työtä sydämessäni vuosien varrella, ja olen päässyt jonkin verran eteenpäin. Tässä jakeessa *ei sanota:* ellet rakasta, et ole uudestisyntynyt. Siinä *sanotaan:* ellet rakasta, et ole yhteydessä Isän rakkauteen. Tämä on sen todellinen merkitys: ellet rakasta, et sillä hetkellä tunne häntä intiimin läheisesti.

Kun olet läheisessä kosketuksessa Isän rakkauteen, et *voi* olla rakastamatta. Tässä on kyse yksinkertaisesti syystä ja seurauksesta. Läheinen yhteys Isän rakkauteen saa sinut automaattisesti rakastamaan muita samalla rakkaudella. Ei ole kyse "uudestisyntymisestä" vaan siitä, että tämä rakkaus on todellista sydämessäsi. Ellei sinulla ole rakkautta sydämessäsi, et sillä hetkellä tunne häntä. Et ole juuri silloin läheisessä yhteydessä Jumalaan, joka rakastaa sinua *omalla* rakkaudellaan.

Saanko esittää pari kysymystä:

Olemmeko me — sinä ja minä — tällä hetkellä Isän rakkaudessa?

Koemmeko me, että hän rakastaa meitä juuri nyt, tällä hetkellä?

Yksi testi tämän toteamiseksi on tämä: ellet rakasta toisia, et ole kosketuksissa Isän rakkauteen. Niin yksinkertaista se on.

Ei ole väliä, mitä väitämme tai mitä huulemme sanovat — ellei Isän rakkaus tule meistä ulos, Isän rakkaus ei ole tullut meihin *sisään.* Me rakastamme, koska hän on ensin rakastanut meitä. Tärkeintä on, että hän rakastaa meitä. Monet meistä tuntevat syyllisyyttä, kun eivät rakasta toista ihmistä riittävästi. Tunnemme usein tarvetta tehdä parannusta siitä, ettei meillä ole rakkautta tuota ihmistä kohtaan. Haluan sanoa tämän: en ole vakuuttunut siitä, että parannuksenteko on tässä pääasia. Tärkeintä on uskoakseni huomata, että olemme luiskahtaneet pois Isän läheisyydestä, koska ollessamme aivan lähellä häntä rakkaus toisia kohtaan pysyy sydämessämme. Liitämme usein parannuksentekoon sellaisia tunteita kuin suru ja katumus. Suremme ja kadumme, kun emme ole täyttäneet sitä, mitä Jumala meiltä vaatii. Tunnemme tarvetta olla pahoillamme, tuntea syyllisyyttä ja pyytää Jumalalta anteeksi. Tällä tavoin yleensä ymmärrämme parannuksenteon. Mutta parannuksenteko tarkoittaa itse asiassa samaa kuin "tehdä täyskäännös". Siihen ei sisälly surullisuuden, murheen tai katumuksen tunnetta. Kreikan kielen sana *metanoia* tarkoittaa 'kääntyä ympäri ja katsoa päinvastaiseen suuntaan'. Siitä välittyy yksinkertaisesti ajatus mielenmuutoksesta. Kun teemme parannuksen, käännymme vain takaisin Jumalan ja hänen rakkautensa puoleen, ottamaan vastaan hänen rakkauttaan.

Monet ovat vuodattaneet paljon kyyneleitä pyytäessään Jumalalta anteeksi syntejään. Siihen liittyvä katumus ja suru on yksilöllistä kunkin henkilön kohdalla. Jotkut tuntevat valtavaa katumusta syntisen elämänsä takia, ja se on aivan paikallaan, mutta se ei yksinään takaa parannusta. Parannuksenteko tunteiden kera ei ole yhtään sen pätevämpää kuin parannuksenteko ilman tunteita. Monet haluavat nähdä katuvan syntisen itkevän Jumalan edessä, mutta se ei itse asiassa ole parannuksenteon edellytys. Se saattaa olla välttämätöntä tunteiden vapauttamiseksi, mutta se ei ole erityinen parannuksen ainesosa. Parannus on tämän katumuksen ja surun tulos. Jotkut voivat olla äärimmäisen pahoillaan syntiensä vuoksi, mutta eivät muutu millään tavalla, joten suru itsessään ei tarkoita parannuksen tekemistä. Parannukseen tarvitaan täyskäännös, mielenmuutos ja lähteminen päinvastaiseen suuntaan. Huomatessamme, että meiltä puuttuu rakkautta ihmisiä kohtaan, ei auta, että olemme pahoillamme ja päätämme vastaisuudessa pärjätä paremmin. Et pärjää paremmin vastaisuudessa — et pysty siihen! Kaikki lähtee hänestä. Kun meissä on asioita, jotka eivät ole rakkautta, meidän täytyy huomata, mistä se johtuu: olemme ottaneet vastaan liian vähän hänen rakkauttaan.

Rakkaus on käsinkosketeltavaa todellisuutta

Meidän on ymmärrettävä, että hänen rakkautensa on koko kristinuskon ydin. Kristinuskossa ei ole kyse hänen rakkautensa *sanomasta* tai siitä totuudesta, että hän rakastaa meitä. On kyse itse *rakkauden* vastaanottamisesta. Pelkkä käsitteellinen ymmärrys Jumalan rakkaudesta ei muuta sinua. Mutta kun tämä todellinen Jumalan rakkaus vuodatetaan sydämeesi, se muuttaa sinut. Teologisesta totuudesta kiinnipitäminen ei paranna eikä vapauta sinua. Vain Isän rakkauden *käsinkosketeltava todellisuus* saa sen aikaan. Poikana eläminen on jatkuvaa kokemusta siitä, että Isä rakastaa. Meidän täytyy todella kohdistaa huomiomme tähän asiaan. Viemme Isän *rakkautta* maailmaan. Emme vie maailmaan *sanomaa* Isän rakkaudesta. Viemme *hänen rakkauttaan*. Tämä on yksi syy siihen, miksi olen ollut vaivaantunut käsitteestä "Isän rakkauden sanoma". Tätä käsitettä käyttävät eivät ole kunnolla oivaltaneet asiaa. Viemme hänen rakkauttaan, emme sanomaa siitä. Tässä luvussa Johannes puhuu Isän *todellisesta, käsinkosketeltavasta* rakkaudesta.

Olen alkanut tajuta, että Jumalan rakkauden perimmäinen olemus on itse asiassa samaa olemusta kuin Jumalan itsensä olemus. Se on hänessä olevaa elämää. Ei ole niinkään kyse siitä, että hän rakastaa sinua, vaan siitä, että kun hän tulee, sinä olet rakastettu — koska hän *on* rakkaus. Rakkaus *on* hänen läsnäolonsa. Kun aloimme ymmärtää, että rakkaus on konkreettista, käsinkosketeltavaa, se avasi oven tähän jatkuvasti avautuvaan ilmestykseen.

Kerron esimerkin siitä, mitä tarkoitan sanoessani, että rakkaus on käsinkosketeltavaa. Ollessani nuori mies asuin pienessä kaupungissa Uudessa-Seelannissa. Se oli maaseutukaupunki, ja sen asukkaat olivat pääasiassa maanviljelijöitä ja heidän perheitään. Miehet olivat maanläheisiä, kovaa työtä tekeviä, ahavoituneita miehiä, joilla oli känsäiset kourat. En ollut ikinä kuullut yhdenkään miehen laulavan ennen kuin olin kaksitoistavuotias. Sillä seudulla, mistä olen kotoisin, miehet eivät laula!

Muistan, kun olin noin nelitoistavuotiaana jossakin kokouksessa kunnantalolla. En muista kokouksen tarkoitusta, mutta muistan, että paikalla oli noin kolmekymmentä ihmistä, mikä tuntui siihen aikaan todella suurelta joukolta. Olin noihin aikoihin hyvin masentunut ja tunne-elämältäni rikkinäinen nuori mies. Ihmiset sanoivat aina, että olin pahantuulinen, mutta heillä ei ollut aavistustakaan siitä, mitä sisälläni liikkui. Olin täysin eksyksissä ja onneton. Muistan, kuinka eräs mies sanoi minulle kerran: "Sinun ei pitäisi olla niin surullinen — nämä ovat elämäsi parhaita vuosia!" Katsoin häneen ja ajattelin: *Tarkoitatko, että on tulossa pahempaa?* Pian sen jälkeen otin kiväärin, latasin siihen yhden ainoan luodin ja istuin pimeässä puun alla ladatun kiväärin kanssa. Ajattelin, että jos elämä muuttuu yhtään pahemmaksi, en halua jäädä tänne näkemään sitä. Sellaista elämäni oli siihen aikaan.

Kun olin siinä kokouksessa kunnantalolla, salissa tapahtui jotakin. Mitä se sitten olikin, se sai kaikki huoneessa olevat purskahtamaan nauruun. Kaikki nauroivat paitsi minä ja, kuten myöhemmin sain huomata, eräs toinen. Seisoessani siinä seinän vierellä katsellen muiden nauramista ja tuntien itseni täysin ulkopuoliseksi, kohtasin yhtäkkiä erään miehen katseen. Hän seisoi salin toisella puolella ja katsoi suoraan minuun. Se oli Ross, parhaiden kaverieni, identtisten kaksosten, isä. Ross työskenteli lammaspaimenena Uuden-Seelannin Eteläsaaren kukkuloilla. Keritsemisaikaan hän keritsi lampaita koko päivän aamusta iltamyöhään asti. Olen sitä mieltä, että lampaiden keritseminen on raskaimpia töitä, mitä ihminen voi tehdä. On äärimmäisen uuvuttavaa työskennellä kesäkuumalla pitkiä päiviä ladossa, jossa ei ole ilmanvaihtoa, jatkuvasti kumarruksissa, yltä päältä lanoliinöljyssä. Ross kertoi minulle, että hän joutui usein menemään kylpyhuoneeseen kesken keritsemisen yskimään verta pelkästä rasituksesta. Hän uurasti aamusta iltahämärään seitsemänä päivänä viikossa hankkiakseen perheelleen toimeentulon.

Olin vasta nelitoistavuotias, kun kunnantalolla pidettiin tämä kokous, enkä tuntenut ystävieni isää nimellä Ross, vaan minulle hän oli "herra Smith". Kun joka puolella huonetta naurettiin, kohtasin hänen katseensa. Voin vieläkin nähdä hänen ahavoituneet kasvonsa ja silmät, joita hän siristeli Uuden-Seelannin paahtavassa auringossa. Hän katsoi minuun salin toiselta puolelta *ja nosti toista kulmakarvaansa*. Sillä hetkellä tunsin hänen rakkautensa minua kohtaan. Ennen sitä hetkeä en ollut tiennyt, että hän rakasti minua, mutta silloin hänen rakkautensa minua kohtaan välittyi salin poikki, ja tiesin ilman epäilyksen häivää, että hän rakasti minua. Tunsin konkreettisesti hänen isällisen rakkautensa. Se oli valtavan tärkeä hetki elämässäni, enkä ole koskaan unohtanut sitä. Ross oli hiljainen mies mutta luja kuin teräs. Vietin myöhemmin paljon aikaa hänen ja hänen kaksospoikiensa kanssa virittäen ansoja, kalastaen ja metsästäen. Hän oli minulle hyvin merkittävä ihminen nuoruusvuosinani. Kun hän katsoi minuun täpötäyden salin poikki ja ainoastaan kohotti toista kulmakarvaansa, opin jotakin, mitä en ole koskaan unohtanut: rakkaus *on käsinkosketeltavaa todellisuutta*.

Joku voi sanoa sanat "rakastan sinua", mutta ne eivät merkitse mitään, ellei niistä välity rakkauden todellisuus. Joku toinen taas saattaa vain nostaa kulmakarvaansa, ja voit tulla täyteen rakkautta — koska rakkaus on konkreettista.

Kun luemme tämän jakeen: "Me rakastamme, koska hän on ensin rakastanut meitä", on aivan kuin Jumala itse olisi salin toisella puolella, kohtaisi katseemme ja kohottaisi toista kulmakarvaansa. Jollakin selittämättömällä tavalla koemme, että hän rakastaa meitä. Sillä hetkellä kun tämä tapahtuu, *rakastamme* koko maailmaa. Emme voi olla rakastamatta, koska koemme hänen rakastavan meitä. Tämä lause: "Me rakastamme, koska hän on ensin rakastanut meitä" ei puhu pelastuksesta. Siinä ei puhuta uudestisyntymisen kokemuksesta. Siinä puhutaan elävästä yhteydestä Isä Jumalaan. Isä Jumala on kaiken rakkauden lähde. Jeesus rakastaa meitä — aivan totta! Hän rakastaa meitä Isänsä rakkaudella. Paavali sanoo hyvin selvästi kirjeessään roomalaisille (Room. 8:39, vuoden 1938 suomennos), ettei mikään "voi meitä erottaa Jumalan rakkaudesta, joka on Kristuksessa Jeesuksessa, meidän Herrassamme". Isän rakkaus on Jeesuksessa. Johanneksen evankeliumin 17. luvun viimeisessä jakeessa Jeesus rukoilee Isäänsä näillä ihmeellisillä sanoilla (Joh. 17:26, vuoden 1938 suomennos):

Ja minä olen tehnyt sinun nimesi heille tunnetuksi ja teen vastakin, että se rakkaus, jolla sinä olet minua rakastanut, olisi heissä ja minä olisin heissä.

Että se rakkaus, jolla Isä rakastaa Poikaa, *olisi meissä*. Toisin sanoen: Jeesus rukoilee, että me kokisimme Isän rakastavan meitä niin kuin hän, Poika, koki Isän rakastavan häntä. Tämä on todella ihmeellinen rukous: että me tuntisimme saman rakkauden, joka Isällä on rakasta Poikaansa kohtaan.

Tehkää rakkaudesta suuri päämääränne

Tässä on ilosanoma! Koko evankeliumi tiivistyy tähän yhteen asiaan: Jeesus kuoli ristillä poistaakseen kaikki esteet, jotta sinä ja minä pääsisimme Isän rakkauteen! On mahdollista tietää tämä enemmän käsitteellisesti kuin omakohtaisesta kokemuksesta. Tahdon todella sanoa sinulle nyt, kun luet tätä kirjaa: pyri jatkuvasti kokemaan tätä rakkautta! Pyri jatkuvasti tuntemaan hänen rakkautensa todellisuus sinua kohtaan. Pidän siitä, millä tavoin *Revised Standard Version* -käännös sanoo Ensimmäisen Korinttilaiskirjeen 14. luvun ensimmäisen jakeen: *Tehkää rakkaudesta suuri päämääränne*. Tämä ei tarkoita, että sinun pitäisi asettaa elämäsi päämääräksi se, että tulet rakastavaksi ihmiseksi. Se tarkoittaa, että teet rakkaudesta, joka on Isässä, elämäsi suurimman päämäärän — sillä Jumala *on* rakkaus.

Olen huomannut, että rakkaus ei voi loukkaantua. Kun elät Jumalan rakkaudessa, on aivan mahdotonta olla loukkaantunut. Joku sanoi minulle hiljattain, kuinka loukkaantunut hän oli jonkun toisen puheista. Vastasin hänelle: "Mitä sinussa on sellaista, mikä kykenee loukkaantumaan?" Jos sinussa on rakkautta, et voi pahastua etkä loukkaantua. Rakkaus peittää alleen kaikki loukkaukset. Rakkaus sanoo: "En välitä siitä, mitä teet minulle, koska rakastan sinua." Kun Jeesus riippui ristillä, hän rakasti niitä, jotka olivat iskeneet naulat hänen käsiinsä ja jalkoihinsa. Hän halusi, että he saisivat anteeksi. Hänen kaipauksensa oli, että he olisivat vapaita. Hylkäämisen aiheuttama kipu ei pääse rakkauden läpi. Voit kokea hylkäämistä vain, jos olet rakkauden ulkopuolella. Voit loukkaantua vain rakkauden kehän ulkopuolella. Rakkauden sisällä ollessasi olet uskomattoman vahvassa paikassa. Itse asiassa se on ainoa paikka, missä voit olla todella vapaa.

Mitä tapahtuu, ellet ole Jumalan rakkaudessa? Olet haavoittuvainen, koska tunteillasi voidaan leikitellä. Ihmiset sekoittavat tunteesi. He manipuloivat sinua. Joko tahallaan tai tahattomasti he tekevät asioita, jotka vievät sinut tunteiden vuoristoradalle. Mihin tilanteeseen sitten joudutkin, tunteesi heilahtelevat ylös tai alas sen mukaan, kuinka koet toisten kohtelevan sinua. Jokin heidän sanoissaan tai heidän tavassaan katsoa sinua saa sinut heittelehtimään tunteiden valtamerellä. Rakkaudessa ei ole sijaa hylkäämisen tunteille, vaikka joku ei pitäisikään sinusta. Olet valloittamattomassa turvapaikassa Isän rakkaudessa. Kuinka hylkääminen tai jonkun halu loukata meitä voisi mitenkään vaikuttaa meihin, kun olemme kiedottuina kaikkeuden Luojan todelliseen ja täydelliseen rakkauteen?

Tuntiessamme itsemme loukatuiksi ja hylätyiksi meidän täytyy ymmärtää, että se johtuu siitä, ettemme ole sillä hetkellä elävässä yhteydessä hänen rakkauteensa. Siitä on tosiasiassa kysymys — ei siitä, ettemme olisi onnistuneet miellyttämään Jumalaa tai olemaan tarpeeksi hyviä kristittyjä. Kun sydämesi on kytketty hänen rakkauteensa ja siihen todellisuuteen, että hän rakastaa sinua juuri nyt, sinusta *tulee* rakastava ihminen.

Vuosia sitten, kun Denise ja minä olimme nuoria uskovia, perustimme erään toisen avioparin kanssa seurakunnan kotikaupunkiimme. Olimme asuneet tässä pikkukaupungissa naimisiinmenostamme lähtien ja jouduimme joka viikko matkustamaan viitisenkymmentä kilometriä päästäksemme seurakuntaan. Niinpä päätimme perustaa pienen seurakunnan omaan kaupunkiimme, jotta voisimme tuoda kokemaamme hengellistä elämää sinne. Vuokrasimme tilat ja aloimme pitää kokouksia. Jonkin ajan kuluttua olimme saaneet kokoon noin kuusikymmentä henkeä. Kastoimme uskoon tulleet pienessä purossa, ja he muodostivat ydinryhmän, jolle annoimme kaiken, mitä meillä oli.

Tehtyämme tätä noin vuoden ajan erään toisen seurakunnan vanhimmat samasta kaupungista kutsuivat Peterin ja minut mukaan heidän kokoukseensa. Olimme ikionnellisia saadessamme heidän kutsunsa. Ajattelimme, että he halusivat rohkaista meitä ja edistää Kristuksen ruumiin yhteyttä kaupungissamme. Sinisilmäisyydessämme menimme tähän kokoukseen. He toivottivat meidät tervetulleiksi tarjoamalla teetä ja keksejä. Ystävällisen jutustelun jälkeen menimme viereiseen huoneeseen ja istuuduimme osallistuaksemme vanhimmiston kokoukseen. Seuraavan kolmen tunnin ajan he pommittivat meitä varoituksilla sanoen, että meidän pitäisi välittömästi lopettaa se, mitä olimme tekemässä uudessa seurakunnassamme. He sanoivat, että olimme kapinallisia ja ristiriidassa sen kanssa, mikä oli Jumalan tahto kaupungillemme. Lopputulos oli se, että he halusivat meidän liittyvän heidän seurakuntaansa ja tuovan kokemaamme Hengen elämää *heidän* nuorille jäsenilleen.

Lähdimme kokouksesta todella lyötyinä ja murtuneina siitä, mitä he olivat sanoneet. Peter ajoi minut takaisin kotiimme, joka sijaitsi maaseudulla peltojen keskellä kaukana kaikista muista taloista. Tullessamme talomme luo Peter sanoi: "Ennen kuin menet sisälle, rukoillaan hetken aikaa." Emme ehtineet sanoa mitään, koska heti kun käännyimme toistemme puoleen rukoillaksemme, Jumalan rakkaus täytti yhtäkkiä auton. Jumalan rakkaus kerta kaikkiaan täytti koko auton ja meidät. Emme voineet pitkään aikaan tehdä mitään muuta kuin pitää kiinni toisistamme Jumalan läsnäolon täyttäessä meidät. Syleilimme vain toisiamme ja itkimme. Olimme aivan pökerryksissä hänen läsnäolonsa voimasta.

Lopulta nousin autosta, ja Peter lähti kotiin. Kävellessäni taloon huomasin, että makuuhuoneessa paloi valo. Denise odotti minua. Menin heti makuuhuoneeseen, ja Denise nousi istumaan vuoteella. Hänen ensimmäiset sanansa olivat: "No, miten kokous meni?" En kyennyt sanomaan muuta kuin: "Ne olivat aivan ihania kavereita, mahtavia miehiä!" En saanut muita sanoja ulos suustani, toistin vain, kuinka hienoja tämän toisen seurakunnan vanhimmat olivat. Mielessäni ajattelin: *Tiedän, ettei tämä ole koko totuus siitä, mitä kokouksessa tapahtui tänä iltana*, mutta en pystynyt muistamaan ainoatakaan asiaa, joka sinä iltana oli sanottu. Rakkaus ei nimittäin voi loukkaantua. Kun Jumalan rakkaus täytti meidät istuessamme autossa, huomasin, etten kyennyt muistamaan yhtäkään niistä kovista sanoista, joita oli puhuttu Peteriä ja minua vastaan. Rakkaus ei voi loukkaantua, eikä se edes muista sitä vastaan tehtyjä syntejä. Sen takia Jumala voi sanoa Heprealaiskirjeen kahdeksannen luvun jakeessa 12: "...en enää milloinkaan muista heidän syntejään." Kuultuaan minun sanovan, kuinka ihania nämä vanhimmat olivat, Denise luuli, että tästä lähtien alkaisimme käydä tässä toisessa seurakunnassa! No, emme alkaneet.

Olen havainnut jotakin, mikä liittyy rakkauteen. Rakkaus muuttaa sinut kaikin tavoin sellaiseksi kuin Jumala on sinut tarkoittanut. Rakkaus tekee sinusta kypsän kristityn. Rakkaus saa aikaan sen, että käännät toisen poskesi edes tiedostamatta sitä, koska tuo toinen ihminen on sinulle tärkeämpi kuin oman poskesi suojeleminen! Ei ole niin, että ajattelisimme hammasta purren ja vastahakoisesti: *Minun pitää kääntää toinen poski*. Rakkaus välittää enemmän toisesta ihmisestä kuin yrittää säilyttää oman itsekunnioituksensa.

Vuosia sitten, kun opetin raamattukoulussa, sen kampuksella asui nuori, todella vihainen maoripoika, ja me yritimme auttaa häntä. Eräänä päivänä olin jutellut hänen kanssaan Herrasta. Myöhemmin samana iltana yhteisen aterian jälkeen menin ruoka-salin tiskin luo hakemaan kupin teetä. Seisoessani siinä hän tuli tiskin luo, otti yhtäkkiä täyden teekannun (se oli iso teekannu) ja heitti kuuman teen kasvoilleni. Tee oli lähes kiehuvan kuumaa, ja hän heitti sen suoraan päin kasvojani. Sitä meni silmäluomieni alle, suuhuni ja sieraimiini. Ihmettelen vielä tänäkin päivänä, miksi en saanut siitä vakavia palovammoja. Muistan, että vain katsoin häntä ja pystyin näkemään ainoastaan, että edessäni seisoi nuori poika, joka oli oman sisäisen kipunsa ja vihansa vanki. En ollut vähääkään huolestunut omasta hyvinvoinnistani. Ainoa huolenaiheeni oli tämä poikaparka, joka halusi heittää teekannun kiehuvan sisällön päin kasvojani. Olin huolissani siitä hirveästä tilanteesta, jossa hän oli. Kun olet kytketty rakkauteen, tämä rakkaus saa sinut rakastamaan ilman mitään ehtoja. Intiimin läheinen yhteys Jumalan rakkauteen saa aikaan rakkautta toisia kohtaan. Kun tajuat, ettei sinulla ole riittävästi rakkautta, tule vain Jumalan luo täyttymään hänen rakkaudellaan.

Rakkaus on energiaa, joka tekee sinusta kristityn

Viimeinen jae tässä Johanneksen kirjeen neljännessä luvussa on jae 20. Siinä sanotaan:

Jos joku sanoo rakastavansa Jumalaa mutta vihaa veljeään, hän valehtelee. Sillä se, joka ei rakasta veljeään, jonka on nähnyt, ei voi rakastaa Jumalaa, jota ei ole nähnyt.

Tämä on niitä Raamatun jakeita, jotka pitää oikeastaan lukea päinvastaisessa järjestyksessä. Jos voit ottaa vastaan rakkautta Jumalalta, jota et voi nähdä, sinulla on rakkautta veljeäsi kohtaan, jonka voit nähdä. Tämä liittyy vahvasti jakeeseen: ”Me rakastamme, koska hän on ensin rakastanut meitä.” Jos sanot rakastavasi Jumalaa mutta vihaat veljeäsi, se tarkoittaa Johanneksen mukaan, että olet valehtelija. Miksi? Siksi, että sinun täytyy vastaanottaa Jumalan rakkautta voidaksesi todella rakastaa veljeäsi. Se ei tarkoita, ettet olisi kristitty. Siitä ei voi päätellä, ettet olisi uudestisyntynyt. Se tarkoittaa, ettet elä Jumalan rakkaudessa. Et ole vuorovaikutuksessa hänen kanssaan sillä tavoin, että hän rakastaa sinua ja sinä annat hänelle vastarakkautta.

Totuus on, ettet oikeastaan voi rakastaa Jumalaa, voit ainoastaan antaa hänelle vastarakkautta. Voit ainoastaan vastata siihen rakkauteen, jota hänellä on sinua kohtaan. Jumalan rakastaminen tarkoittaa molemminpuolista kokemusta: hän rakastaa sinua, ja sinä vastaat siihen antamalla hänelle vastarakkautta. Mutta jos väität rakastavasi Jumalaa ja kuitenkin vihaat veljeäsi, petät itseäsi. Ei ole totta, että voisit rakastaa Jumalaa ja vihata veljeäsi tai sisartasi. Jos olet vuorovaikutuksessa Jumalan kanssa, niin että hän rakastaa sinua ja sinä annat hänelle vastarakkautta, sinun on mahdotonta tuntea mitään muuta kuin rakkautta veljeäsi ja sisartasi kohtaan. Ystäväni ja veljeni Stephen Hill on sanonut mahtavan totuuden: *Jos rakastat Jumalaa enemmän kuin sinulla on ilmestystä ja kokemusta hänen rakkaudestaan sinua kohtaan, se on vain uskonnollista kiihkoa.* Tämä on aivan totta. Jos rakastamme Jumalaa, mutta emme elä siinä todellisuudessa, että hän rakastaa meitä ensin, kyseessä on vain lihallinen into. Voimme ainoastaan vastata Jumalan rakkauteen. Kaikki se rakkaus, mitä meillä on Jumalaa ja muita ihmisiä kohtaan, on vastakaikua hänen rakkauteensa meitä kohtaan ja kumpuaa siitä.

Haluan sanoa tämän: **Rakkaus antaa energiaa rakkaudelle. Kristinuskossa itsessään on energiaa. Sinun ei tarvitse itse tehdä itsestäsi kristittyä. Jos elät aidossa kristinuskossa, se tekee sinusta kristityn.**

Kristinusko on sitä, että olet Jumalan rakkauden virrassa. Kun

Jumalan rakkaus virtaa sydämeesi, sinusta tulee kaikin tavoin sellainen kuin kristitty voi olla. Sinusta tulee kaikin tavoin sellainen kuin kristityn tulee olla. Sinusta tulee kaikin tavoin sellainen kuin kristitty haluaa olla. Automaattisesti.

Kun hänen rakkautensa virtaa sydämeesi, sinulla on rauha sisimmässäsi — vaikka sinulla ei olisi suunnitelmaa eläkepäivien varalle. Ellet koe hänen rakastavan sinua, elät pelossa. Jos elät kristinuskossa, sinulla on rauha. Jos koet hänen rakastavan sinua, sinulla on ilo. On hyvin iloinen asia olla rakastettu, ja ilo on rakkauden hedelmä. Sitä tarkoittaa "Hengen hedelmä". Jos Henki on Jumalan rakkaus, joka on vuodatettu sydämeesi, sen hedelmä on sitä, mitä rakkaus saa aikaan sinussa: rakkaus saa aikaan iloa, rakkaus saa aikaan rauhaa, rakkaus saa aikaan ystävällisyyttä, hyvyyttä, kärsivällisyyttä, itsehillintää ja niin edelleen. Hedelmästä puhutaan tässä (Gal. 5:22) yksikkömuodossa — siinä sanotaan "hedelmä" eikä "hedelmät". Jumalan rakkaus, joka vuodatetaan sydämiimme Pyhän Hengen kautta, saa kertaheitolla aikaan kaikkia näitä asioita. Yksikään niistä ei voi olla toisia heikompi, niin että sinun tarvitsisi "kehittää" sitä. Rakkaus saa aikaan tätä hedelmää ilman yhtäkään poikkeusta.

Minä jouduin aina kamppailemaan listan viimeisen eli itsehillinnän kanssa. Se vaikuttaa kielteiseltä verrattuna kaikkiin muihin, jotka ovat myönteisiä. Minulla oli tapana ajatella — ja ihmiset myös odottivat sitä minulta — että itsehillintä on kyky hallita itseään, pitää ylivoimaisia luonnollisia haluja hallinnassa. Ihmisillä oli tapana sanoa minulle: "Pyhä Henki antaa sinulle itsehillintää, joten hillitse itsesi!" Ymmärsin aina, että itsehillintä on kurinalaisuutta pidättyä synnistä ja myös käsky hallita lihan himoja ja haluja. Nyt ymmärrän sen näin: se tarkoittaa itsemääräämisoikeutta. Toisin sanoen: kun rakkaus tulee elämäämme, vapaudumme kaikesta ulkopuolisesta kontrollista. Elämme elämäämme sisimmässämme olevan rakkauden mukaan. Jumalan Henki asuu minussa, ja kuljen Hengen johdatuksessa. Vaikka minut yritettäisiin ristiin-naulita, jotta en eläisi tällä tavalla, sisimmässäni asuva Pyhä Henki johdattaa ja hallitsee minua. Ei ole kysymys synnistä. Jumalan Henki ratkaisee, minne menen ja mitä teen. Hän ratkaisee, mitä ajattelen ja mitä sanon. Kukaan ei kontrolloi minua. Pyhän Hengen kautta, joka asuu minussa, minulla on itsemääräämisoikeus.

Uskon, että juuri tätä se tarkoittaa. Jos sisimmässäni oleva rakkaus määrää elämääni, johtopäätökseni on tämä: kristinusko on itse asiassa anarkiaa. Olen vapaa oman maani lakien noudattami-sesta — *mutta vain* jos elän vuorovaikutuksessa Isän kanssa, niin että hän rakastaa minua ja minä häntä. Jos rakkaus hallitsee minua, minun ei tarvitse edes ajatella, mitä maani lait ovat. Rakkaus täyttää automaattisesti kaikki lait.

Isän rakkaus on siis ratkaiseva tekijä elämässäsi. Käytä yhteyt-täsi Isä Jumalaan ilmapuntarina sen suhteen, millainen ilmapiiri elämässäsi vallitsee. Jos sinulla on hyvin kielteisiä tunteita ihmisiä kohtaan, ongelma ei ole tunteissasi näitä ihmisiä kohtaan. Ongelma on se, että olet menettänyt kosketuksen Isään. Kun huomaat tällaisia asioita elämässäsi, ne ovat oireita menetetystä yhteydestä sinun ja Isän rakkauden välillä. *Palaa takaisin hänen rakkauteensa.* Palaa kaikissa tilanteissa aina siihen, koska hänen rakkaudessaan saat rauhan, ilon, kärsivällisyyden tai mitä sitten tarvitsetkin. Jotkut sanovat: "Minun pitää tosiaan oppia olemaan kärsivälli-sempi." Kuule, ei se onnistu. Kärsivällisyys on seurausta jostakin. Kärsivällisyys tulee suuremmasta todellisuudesta. Kun hänen rak-kautensa on vuodatettu sydämeesi ja sinulla on rakkautta jotakuta kohtaan, et välitä, vaikka joutuisit odottamaan. Odottaisit mielel-läsi vaikka kymmenen, kaksikymmentä vuotta ja enemmänkin.

Odottaisit elämäsi loppuun asti. Abraham sai lupauksia, jotka eivät toteutuneet hänen elinaikanaan. Jotkin niistä asioista, joista Jumala on sinulle puhunut, eivät toteudu sinun elinaikanasi. Ne toteutuvat lastesi elämässä. Jotkin Jumalan sinulle antamat profetiat eivät toteudu — mutta jos uskot niihin loppuun asti, ne toteutuvat lastesi tai lastenlastesi elämässä, koska profetia kulkee sukupolvelta toiselle. Abrahamin saamat profetiat toteutuvat vielä nykyäänkin, mutta Heprealaiskirjeen mukaan hän ei nähnyt niiden toteutuvan. Rakkaus antaa sinulle kärsivällisyyttä. Rakkaus antaa sinulle kaikkia näitä asioita.

Joskus ihmiset sanovat minulle: "Mitä voin tehdä? Mitä voisin tehdä palvelutyössä?" Vastaan yleensä tähän kysymykseen näin: "Nauti vain Isän rakkaudesta sinua kohtaan. Jos nautit jatkuvasti siitä, että hänen rakkautensa virtaa sydämeesi, jossakin matkan varrella se alkaa virrata yli." Jos sen sijaan haluat tehdä sillä jotakin, et koskaan täyty siinä määrin, että siitä olisi hyötyä. Mutta jos vain annat hänen rakastaa sinua ja kasvat tässä rakkaudessa, tulee päivä, jolloin ihmiset alkavat kysellä sinulta, mitä sinulle oikein on tapahtunut. Alat kertoa heille, ja kun Jumalan rakkaus tulvii sydämestäsi, ihmiset tulevat siunatuiksi.

Älä koskaan keskity siihen, mitä tulee ulos. Keskity siihen, mitä menee sisään. Jos rakkautta tulee jatkuvasti sisään, on vain ajan kysymys, milloin se alkaa vuotaa yli. Pidän siitä, mitä Jack Frostilla oli tapana sanoa. Hän sanoi, että Isän rakkautta tarvitaan sisään vain sen verran, että se yltää 51 prosentin tasolle, ja silloin keinulauta jo kallistuu toiseen suuntaan. Sinun ei tarvitse täyttyä 99-prosenttisesti, ennen kuin se vaikuttaa muihin. Kunhan saavutetaan 51 prosentin taso, käännekohta on saavutettu. Nauti hänen rakkautensa vastaanottamisesta, kunnes se tapahtuu. Isän rakkaus sisältää kaiken, mikä liittyy kristillisyyteen. Se on evankeliumin perimmäinen olemus. Ajattelin aikaisemmin, että se on yksi evankeliumin päätotuuksista, mutta nyt näen, että *se on* evankeliumi.

MITÄ POIKANA ELÄMINEN TODELLA ON

Poikana eläminen on elämää Isän rakkaudessa. Monet ajattelevat, että poikana eläminen on jotakin, mitä *meidän* pitää tehdä, tai asenne, joka *meidän* pitää omaksua. Todellisuudessa se on elämistä Isän rakkauden kokemisessa ja intiimin läheisessä suhteessa häneen. Se on paikka, jossa vastaanotetaan ja koetaan hänen rakkauttaan. Olemme kääntäneet monet asiat kristinuskossa sellaisiksi, mitä *meidän* täytyy tehdä. Ensimmäisiä kristittyjen esittämiä kysymyksiä on: "Kuinka tämä tehdään? Kuinka elän poikana? Kuinka elän tässä rakkaudessa?" Siinä ei ole mitään järkeä. Perheen keskuudessa ihmissuhteet ovat pääasia. Olet poika tai tytär suhteen perusteella. Et kasva poikana omaksumalla oikean asenteen Jumalaa kohtaan vaan kokemalla, että hän rakastaa sinua — *ainoastaan kokemalla, että hän rakastaa sinua.* Hänen rakkautensa, joka tulee sydämeesi, johtaa sinut automaattisesti kypsyyteen.

Rakkaus on käsinkosketeltavaa. Se on todellinen tunne ja todellista energiaa. Se on Jumalassa olevaa elämää. Se on koettavissa olevaa todellisuutta, joka tulee Jumalan sydämestä ja ainoastaan Jumalan sydämestä. Kukaan ihminen ei voi antaa sinulle Jumalan rakkautta. Tämä rakkaus asuu Jumalan sydämessä. Kun hän vuodattaa tätä rakkautta sydämeesi, sinuun tulee jotakin todellista. Kun tämä todellisuus tulee sinuun, sinä *koet* olevasi rakastettu. Ei ole kyse siitä, että *uskot* hänen rakastavan sinua, vaan siitä, että *olet* hänen rakastamansa.

Tämä käsinkosketeltava todellisuus muuttaa automaattisesti elämäsi. Se tuo esiin Hengen hedelmän. Se ilmenee *aitoina* kristityn luonteenpiirteinä. Se näkyy ympärilläsi oleville ilmisille. Se muuttaa sinut kaikin tavoin sellaiseksi kuin kristitty on tarkoitettu olemaan. Jeesuksesta sanotaan Johanneksen evankeliumin ensimmäisen luvun jakeessa 18:

> *Jumalaa ei kukaan ole koskaan nähnyt. Ainoa Poika,*
> *joka itse on Jumala ja joka aina on Isän vierellä, on*
> *opettanut meidät tuntemaan hänet.*

Jotkut yrittävät "opettaa tuntemaan" Jumalan saarnaamalla kristillisistä asioista ilman kokemusperäistä tietoa Isän sydämestä. Kun Kristuksen ruumis kypsyy, tällaiset palvelutyöt jäävät vanhentuneina pois.

Jeesus eli lähellä Isän sydäntä ja koki lakkaamatta Isän rakastavan sydämen häntä kohtaan. Hän ei käynyt vierailemassa siellä silloin tällöin tai ollut aika ajoin kosketuksissa Isän sydämeen. Hän *pysyi* siellä — Isän sydämessä.

Fatherheart Ministries -järjestön koko olemassaolon tarkoitus on opettaa ihmisille, kuinka he voivat jatkuvasti kokea Isän rakkauden virtaavan hänen sydämestään meidän sydämiimme. Miten tässä voi kypsyä? Tulemalla yhä enemmän täyteen Isän rakkautta. Mitä enemmän näin tapahtuu, sitä kärsivällisempi olet, sitä ystävällisempi olet. Sinä *haluat* uhrata elämäsi toisten puolesta. Tämä rakkaus täyttää sinut ylitsevuotavasti, ja silloin ne kyvyt, jotka hän on sinulle antanut, Hengen lahjat, jotka ovat meidän kaikkien saatavilla, ja Hengen virat, jotka on annettu Kristuksen ruumiin rakantamiseksi, virtaavat ennennäkemättömällä tavalla ja tuovat todellista kunniaa meidän Jumalallemme ja Isällemme.

Kristinuskon avain on tämä: jos meidän ylipäänsä on syytä

tulla päteviksi jossakin, se on tämä yksi ainoa asia. *Tule eksper-
tiksi vastaanottamaan Isä Jumalan rakkautta, jota vuodatetaan
sydämeesi.* Siteeraamme usein tunnettua jaetta: "Täydellinen
rakkaus karkottaa pelon." Ajattelemme sen tarkoittavan, että
murehdimme vähemmän, jos vain uskomme riittävästi, että Jumala
rakastaa meitä. Ei! Haluan sanoa sinulle: kun sydämesi tulee
täyteen rakkauden todellisuutta, sinulla ei ole enää *kykyä* murehtia.
Sinun on täysin mahdotonta edes ajatella, mitä pelko tarkoittaa.
Sitä poikana eläminen tarkoittaa. Kun otamme vastaan ja taas yhä
uudelleen otamme vastaan tätä rakkautta sydämiimme, se tekee
meistä täsmälleen Jeesuksen kaltaisia.

Olemme jo nähneet valtavan Isän rakkauden vuodatuksen, mutta
se on ollut vasta pieni tilkka verrattuna siihen, mitä on tulossa. Älä
ole tyytyväinen, ennen kuin Isän rakkaus asuu pysyvästi sisimmäs-
säsi ja muuttaa sinut Jeesuksen kuvan kaltaiseksi. Hänen rakkau-
tensa, joka asuu sinussa, muovaa sinusta kristityn.

Kootessamme tätä kirjaa emme tienneet, mihin kohtaan sijoit-
taisimme tämän viimeisen luvun. Emme tienneet, laittaisimmeko
sen ensimmäiseksi vai viimeiseksi. Antaisin sinulle tämän neuvon:
nyt kun olet lukenut koko kirjan, palaa alkuun ja lue se uudelleen.
Silloin ymmärrät sen paremmin.

Uskon, että elämme sen evankeliumin ennalleen asettamisen
aikaa, jota Paavali saarnasi galatalaisille heidän uskottuaan toisen-
laiseen evankeliumiin, joka ei ollut hyvä uutinen. Elämme aikaa,
jolloin Jumala asettaa ennalleen sen, mitä evankeliumi todella on.
Olemme uudelleen löytämässä muinaisen tien, joka on ollut pahasti
ruohottunut vuosisatojen ajan. Oppiessamme elämään niin, että
koemme Isän koko ajan rakastavan meitä, syömme elämän puusta,
ja kaikki aitoon kristinuskoon liittyvät asiat tulevat automaattisiksi

elämässämme. Jeesus on taannut meille oikeuden kokea samaa vapautta, joka Jumalalla itsellään on. Toiveeni ja rukoukseni on, että tämä kirja toisi sinut jälleen muinaiselle tielle ja tanssiva Pyhä Henki kantaisi sinua Isän rakkaudessa kohti Jeesuksen kaltaisuutta.

Kutsu sinulle

Mikäli pidit tästä kirjasta, kutsumme sinut osallistumaan Fatherheart Ministries -järjestön Isän sydän A-kouluun. A-koulu on viikko Isän rakkauden ilmestyksen ilmapiirissä.

A-kouluviikolla on kaksi tavoitetta:
1. Antaa sinulle mahdollisuus saada henkilökohtainen kokemus Isä Jumalan rakkaudesta sinua kohtaan
2. Antaa vahva raamatullinen perusta Jumalasta Isänä kristityn elämässä

Viikon aikana saat tutustua Isän rakkauden ilmestykseen terveen raamatunopetuksen kautta, jota opettajien omakohtaiset elämänkokemukset havainnollistavat. Saat mahdollisuuden päästä vapaaksi asioista, jotka estävät vastaanottamasta Isän rakkautta, ja voit löytää todellisen pojan tai tyttären sydämen. Jeesuksella oli pojan sydän Isäänsä kohtaan, ja hän eli koko ajan Isän rakkauden läsnäolossa. Johanneksen evankeliumi kertoo, että Jeesus sanoi ja teki vain sitä, mitä hän näki ja kuuli Isänsä tekevän. Jeesus kutsuu meitä astumaan tähän samaan todellisuuteen hänen veljinään ja sisarinaan.

Kun avaamme sydämemme, Isä vuodattaa sinne rakkautensa Pyhän Hengen kautta. Sydämessä, jonka hänen rakkautensa on saanut muuttaa, voi tapahtua todellinen ja pysyvä muutos. Vuosien ponnistelun ja suorittamisen jälkeen monet löytävät vihdoin tien kotiin — paikkaan, jossa on lepo ja rauha ja jonne voi tuntea kuuluvansa.

Voit ilmoittautua Isän sydän A-kouluun osoitteessa:
www.fhfinland.fi

Kansainvälisistä A-kouluista eri puolilla maailmaa löydät tietoa englanniksi osoitteesta:
www.fatherheart.net

FATHERHEART MEDIA

Additional copies of this book and other resources
from Fatherheart Media are available at:

www.fatherheart.net/store - New Zealand
www.amazon.com - Paperback & Kindle versions

FATHERHEART MEDIA

PO BOX 1039
Taupo, 3330, New Zealand

Visit us at:
www.fatherheart.net

www.ingramcontent.com/pod-product-compliance
Lightning Source LLC
Chambersburg PA
CBHW051825150726
47998CB00001B/300